AURA

दिव्य आभा-मण्डल

व्यक्तित्व के सम्पूर्ण विकास का दर्पण

व्यक्तित्व विकास पर अनुभवी लेखकों की श्रेष्ठ रचनाएं

जोगिन्दर सिंह

सफलता आपकी मुट्ठी में

- सफलता सदैव उनकी मुट्ठी में है जिनमें सदाचार, संकल्प-शक्ति, आशा, सजगता, सकारात्मकता, प्रेम व वचनबद्धता जैसे आधारभूत गुण है।
- यदि आपके अंदर जीतने का जोश है तो जीत आपको अवश्य मिलेगी।
- दृढ़ संकल्प के साथ लक्ष्य की ओर चलने वालों की मुट्ठी में होती है सफलता।

मूल्यः 95.00

सुनहरे कल की ओर

सफल व असफल व्यक्तियों के भेद में साहस व ज्ञान की कमी कारण नहीं बनते अपितु संकल्प शक्ति का अभाव ही उन्हें अलग करता है। आपको अपने लक्ष्यों के प्रति संकल्पबद्ध होना होगा, चाहे कितनी बाधाएं ही क्यों न आए। आपको इच्छित लक्ष्य की प्राप्ति के लिए साहस व प्रेरणा जुटानी होगी। परिश्रम का कोई विकल्प नहीं है।

मूल्यः 95.00

आप भी सफल हो सकते हैं

अगर आप लगातार कोशिश करें और लगातार काम करें तो आप भी सफल हो सकते हैं। याद रखें सफलता हमेशा इच्छा से परिचालित होती है। सफल होना चाहते हैं तो काम के प्रति वचनबद्ध हो, अपनी कमजोरियों को पहचाने, अपनी योग्यताओं को निखारें।

मूल्यः 95.00

पॉजिटिव थिंकिंग

सफलता से आगे उत्कर्ष के लिए कोशिश करने और चोटी पर पहुंचने के लिए जिंदगी में हम सभी परिश्रम करते हैं। लेकिन ऐसा क्यों होता है कि कुछ ही टॉप पर पहुंच पाते हैं? इस पुस्तक में कुछ ऐसे ही मुद्दों पर ध्यान दिया गया है तथा उपाय सुझाए गए हैं, जो आपके लिए फायदेमंद हो सकते हैं।

मूल्यः 95.00

चरित्र और नियति (जॉन मकेन) मूल्यः 250.00

इस पुस्तक के लेखक जॉन मकेन ने बताया है कि हमारा जीवन हमारी ही देन है। ईश्वर ने हमें यह जिंदगी दी है और यह दिखाया है कि इसे कैसे इस्तेमाल करें पर इसके बाद इसे हमारे हवाले कर दिया है कि इसके साथ जो करना है, वह हम अपनी मर्जी से चुनें। इस पुस्तक में 34 सुप्रसिद्ध एतिहासिक व्यक्तियों और कुछ कम जाने-माने नायकों की कहानियां है। जिनके मूल्य मानवीय उत्साह और लगन के प्रतीक है। यह सोचना गलत है कि हमारी नियति या किस्मत पहले से ही तय होती है।

डब्बेवाला (श्रीनिवास पंडित) मूल्यः 95.00

व्यापार हमेशा कठिन उतार चढ़ाव और भौचक कर देने वाले दौर से झेल कर बढ़ते रहते है और ज्यादातर टूटकर ठहर जाते है। हमेशा से व्यवसाय चिंतकों की यह खोज रही है कि वह कौन से तौर तरीके हैं, जो संगठनों को ऐसी कठिनाइयों के बावजूद बचाए रखते हैं। मुम्बई के डब्बा वालों कार्य व्यवस्था से जुड़ कर यह पुस्तक व्यावसायिक संस्थाओं को निरंतर बने रहने का पाठ पढ़ाती है।

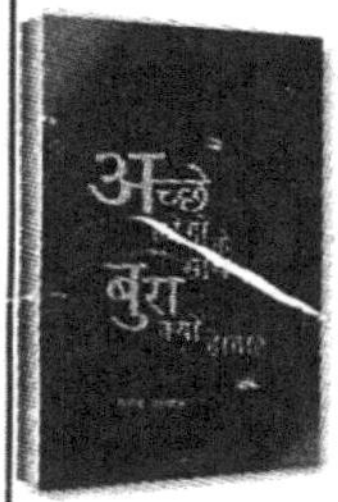

अच्छे लोगों के साथ बुरा क्यों होता है? (राजेन्द्र अग्रवाल)

मूल्यः 95.00

यह पुस्तक उस व्यक्ति द्वारा लिखी गई है जिसका ईश्वर में और संसार की अच्छाईयों में गहरा विश्वास है। जो अपनी जिंदगी का अधिकतर भाग इस प्रयास में बिता चुका है कि उसके आस-पास जितने भी जितने भी लोग हैं उनकी अपनी क्षमता अनुसार अधिक से अधिक मदद की जाए ताकि उनका तथा उनसे जुड़े अन्य लोगों का भी अच्छाई और ईश्वर पर विश्वास बना रहे।

सब सम्भव है (शशिकांत 'सदेव') मूल्यः 95.00

- यदि सोच सकारात्मक और नज़रिया साफ है तो जीवन में सब सम्भव है
- जीवन के सकारात्मक दृष्टिकोण में असम्भव कुछ भी नहीं, सब सम्भव है।

AURA
दिव्य आभा-मण्डल

व्यक्तित्व के सम्पूर्ण विकास का दर्पण

लेखक
महेश दत्त शर्मा

डायमण्ड पॉकेट बुक्स (प्रा.) लि.
X-30, ओखला इण्डस्ट्रियल एरिया, फेज़–II
नई दिल्ली–110020

प्रकाशक : **डायमंड पॉकेट बुक्स (प्रा.) लि.**
X-30 ओखला इंडस्ट्रियल एरिया, फेज-II
नई दिल्ली-110020
फोन : 011-40712200
ई-मेल : wecare@diamondbooks.in
वेबसाइट : www.diamondbooks.in
संस्करण : 2025
मुद्रक : रेप्रो (इंडिया)

AURA : MAHESH DATT SHARMA

अनुक्रमणिका

दो शब्द

आपका शरीर इन्द्रधनुषी है, सतरंगी है। जी हां, चौंकिए मत! आप अपनी आंखों से अपने शरीर में छिपे सात रंगों को देख सकते हैं। ये सात रंग ही आपकी आभा (AURA) का निर्माण करते हैं।

इन रंगों को देख–परखकर आप अपने व्यक्तित्व का निर्माण कर सकते हैं। आभा (AURA) आपकी शारीरिक व मानसिक शक्तियों का प्रतिबिम्ब है।

मानव–शरीर अनेक गुप्त शक्तियों की खान है। इन शक्तियों को जागृत कर हम अपना मानसिक, बौद्धिक, तार्किक व भावनात्मक विकास कर सकते हैं। सिर्फ एक आभा (AURA) के विकास से हम व्यक्तित्व के विकास के शिखर–बिन्दु को स्पर्श कर सकते हैं।

ज़रा भी कठिन नहीं है ऐसा करना।

इस पुस्तक में आभा देखने की सरल और सहज विधि प्रस्तुत की गई है। एक आम पाठक भी इसे सरलतापूर्वक कर सकता है।

आभा देखना एक रोमांचकारी अनुभव सिद्ध हो सकता है। इन्द्रधनुष देखकर ही हम रोमांच और प्रसन्नता से भर उठते हैं, तो वही इन्द्रधनुषी सतरंगी आभा (AURA) जब हम अपने शरीर से निकलती देखेंगे, तो क्या होगा.... ?

निश्चित ही वह एक तीव्र रोमांचकारी क्षण होगा!

इस आभा में आपका स्वास्थ्य, लाभ, हानि, हित, अहित, दुःख, दर्द सभी कुछ दिखाई देता है।

आप कितने बुद्धिमान हैं। धर्म, भावना, अध्यात्म, अच्छाई, बुराई... आपका सारा हाल कह देती है आपकी आभा।

चाहकर भी आभा (AURA) से कुछ भी नहीं छिपाया जा सकता। हां, थोड़े से प्रयास से आभा को निखार कर 'सब–कुछ' पाया अवश्य जा सकता है।

पुस्तक के बारे में आपकी प्रतिक्रियाएं आमंत्रित हैं। आपके विचार और सुझावों का आकांक्षी :

सी–37, ओम विहार
उत्तम नगर, नई दिल्ली–110059

–महेश दत्त शर्मा

आभा क्या है

मानव–शरीर मात्र हड्डियों का ढांचा नहीं, बल्कि रहस्य, रोमांच और जादू का एक ऐसा पिटारा है कि आज भी विज्ञान इस शरीर के नये–नये करिश्मों के कारण हैरान–परेशान है। कई ऐसी बातें हैं, जिनका उसके (विज्ञान) पास कोई जवाब नहीं है। मनुष्य का यह शरीर बड़ा रहस्यमय है। उदाहरण स्वरूप : कुछ मनुष्यों की उंगलियों में चुम्बक पाया गया है। लोहे की कीलें, पिन आदि उंगलियों में चिपक जाती हैं। इस प्रकार के लोगों का परीक्षण किया गया। सूर्य की रोशनी के साथ उनकी चुम्बकीय शक्ति घटती–बढ़ती थी और रात को एकदम लुप्त हो जाती थी।

अमेरिका में मेरी नाम की एक युवती का उल्लेख विश्वकोष में है कि वह जहां भी रहती, आस–पास प्राणलेवा मलेरिया फैल जाता था। फलतः उसे अपना शेष जीवन एक प्रकार के विशेष कारागार में काटना पड़ा। इसी प्रकार एक युवती और थी, वह जिस किसी कारखाने में जाती, वहां आग लग जाती थी। बाद में पता चला कि उसके शरीर की ऊर्जा का ही यह करिश्मा है।

प्रत्येक मनुष्य के शरीर में एक विशेष प्रकार की ऊर्जा होती है। ऊर्जा का साधारण अर्थ है–तापमान। तापमान से ऊर्जा का अर्थ उतना स्पष्ट नहीं होता, जितना 'तासीर' से। ऊर्जा निर्जीव–सजीव सभी प्रकार के तत्वों में होती है। आयु के अनुसार ऊर्जा में परिवर्तन होता रहता है।

बच्चों में ऊर्जा की मात्रा अधिक होती है। इसी कारण शिशुओं को दूसरों के सम्पर्क में आने पर प्रायः बीमारियां लग जाती हैं। बच्चों की ऊर्जा दूसरों की ऊर्जा कम बर्दाश्त कर पाती है।

आभा (AURA)

मनुष्य के चेहरे के आस–पास एक तत्व होता है, इसे आभा (AURA) कहते हैं। यह एक प्रकार का वृत होता है, जो मनुष्य के मुख (FACE) के चारों ओर होता है। इसका फैलाव मनुष्य की योग्यता के अनुसार होता है। यह कम–से–कम 5 से. मी. से लेकर 40-45 से. मी. तक होता है। मनोवैज्ञानिक अब इसका चित्र लेने में भी समर्थ हो गए हैं। हमारे पूर्वजों को इसका ज्ञान पहले से ही था, उन्होंने इसे आभा–मण्डल की संज्ञा दी थी। देवी–देवताओं या महापुरुषों के मुख के चारों ओर बनाया गया प्रकाशवृत ही यह आभा–मण्डल है। अब विज्ञान ने भी इसे प्रमाणित कर दिया है।

प्रत्येक सजीव या निर्जीव वस्तु, चाहे उसका रूप–रंग, आकार कैसा भी क्यों न हो, प्रकाश अवश्य उत्कीर्ण करती है। कितना करती है, यह उसकी बनावट, भार, क्षमता आदि पर निर्भर करता है। जिस प्रकार प्रत्येक वस्तु की परछाईं बनती है, वैसे ही यह आभा या आभामण्डल भी है। प्रकाश के अभाव में अगर वस्तु की परछाईं नहीं है, तो इसका अर्थ यह तो नहीं कि वह होती ही नहीं है। प्रकाश पड़ते ही परछाईं होगी। इसी कारण छायाकार (Photo Graphers) फ्लैश (प्रकाश–बल्ब) का प्रयोग करते समय इस बात का विशेष ध्यान रखते हैं। प्रकाश प्रत्येक वस्तु में होता है। ऊर्जा ही इसका मूल आधार है। दोनों का परस्पर गहरा सम्बन्ध है। अग्नि एक ऊर्जा है, पर जब यह प्रज्ज्वलित होती है, तो प्रकाश होता है। जितनी अधिक ऊर्जा होगी, उतना अधिक प्रकाश होगा। इसी कारण प्रत्येक मनुष्य की आभा (AURA) का चक्र उसकी ऊर्जा पर ही निर्भर करता है।

यह "आभा–चक्र" ही "कांति" के रूप में हमारे ग्रन्थों में प्रयुक्त है। कुछ चेहरे आपको एकदम खींच लेते हैं। निगाहें हटाने का मन ही नहीं करता, बार–बार देखना चाहते हैं, यह आकर्षण आभा का ही है। आम भाषा में कहा जाता है, 'कांति है या उसके चेहरे पर बड़ा नमक है,' इसका आशय यही है। मोती में जिस प्रकार 'आब' होती है, चेहरे में उसी प्रकार आभा।

यह आभा इन्द्रधनुषी होती है अर्थात् सात रंगों का मिश्रण; कौन–सा रंग कितना है, यह व्यक्ति की भावना और क्रियाकलापों पर निर्भर करता है।

प्रत्येक मनुष्य का अपना एक आभा–चक्र होता है। इस आभा–चक्र का ही कारण होता है कि आप किसी व्यक्ति से प्रभावित होते हैं। यह आभा ही सम्पर्क में आए व्यक्ति या आपके समीप खड़े व्यक्ति पर अपना प्रभाव डालती है, उसे प्रभावित करती है। आप अच्छे हैं अथवा बुरे, इसका निर्णय प्रभावित व्यक्ति अपनी छठी इन्द्री से करता है। उसके मन–मस्तिष्क पर आपकी उसी आभा का सीधा प्रभाव पड़ता है। आपके सम्पूर्ण व्यक्तित्व के बारे में आपकी आभा निर्णयात्मक भूमिका अदा करती है।

प्रत्येक सजीव–निर्जीव पदार्थ आभामय है, ऊर्जामय है, प्रकाशमय है। यही आभा, ऊर्जा और प्रकाश उनका विकास और विनाश करती है। प्रत्येक वस्तु जन्मती और मृत्यु को प्राप्त होती है। यह अलग बात है कि सबका विनाश और विकास का अलग–अलग समय होता है। पहाड़ और समुद्र बनने में लाखों वर्ष लग जाते हैं और मिटने में भी। आज जहां राजस्थान का मरुस्थल है, कभी वहां लहराता सागर था, वह मिटा–मरुस्थल बना। इस क्रिया में 8 लाख वर्ष लग गए। बच्चा 9 माह में जन्मता है और औसतन 60 वर्ष में मर जाता है। यह सब आभा–ऊर्जा के कारण ही होता है।

आभा और ऊर्जा हिमांक पर काम नहीं करते।

बर्फ की शीतलता आभा–ऊर्जा को उसी प्रकार ठंडा कर देती है जिस प्रकार पानी को आग। इसी कारण बर्फ में दबी सजीव–निर्जीव वस्तुएं बराबर यथावत् बनी रहती हैं। उन पर कोई प्रभाव नहीं पड़ता। भारहीनता अथवा गुरुत्वाकर्षण के अभाव में भी आभा–ऊर्जा शून्य हो जाती है। इसी कारण अन्तरिक्ष में सब कुछ यथावत् रहता है। 6 माह का शिशु छोड़ दिए जाने पर 10 वर्ष बाद भी वह 6 माह का ही रहेगा। कोई विकास नहीं होगा।

ऊर्जा और ऊर्जा से उत्पन्न आभा के कारण ही विकास–विनाश की सम्पूर्ण क्रियाएं संचालित हैं। 'नश्वर' संसार इसी कारण कहा गया है। 'अनश्वर' यहां कुछ भी नहीं है।

आज वैज्ञानिकों ने सिद्ध कर दिया है कि आभा मनुष्य के चेहरे ही नहीं, वरन् पूरे शरीर से निकलती है। सतरंगी किरणों के रूप में इसका आकार कमोबेश अण्डाकार होता है।

आभा क्या है? मनुष्य के शरीर से लगातार निकलने वाली अदृश्य सतरंगी किरणें। इसी प्रकार ऊर्जा भी अदृश्य रूप में मनुष्य के शरीर में विद्यमान रहती है। आभा के निर्माण में ज्योति का भी विशेष महत्त्व है। ज्योति का आशय यहां नेत्र–ज्योति से है। नेत्र ही मनुष्य का चेहरा सुन्दर–असुन्दर बनाते हैं। नेत्र अथवा निगाहें ही उनकी भावनाएं जाहिर करती हैं। स्त्रियां पुरुषों की आंखों को देख फौरन बता सकती हैं कि उनकी भावनाएं क्या हैं? कहा गया है–'आंखें मनुष्य के चरित्र का दर्पण हैं।' वैसे भी आंखों की अपनी एक मौन भाषा होती है।

ऊर्जा, आभा और ज्योति 'गैसीय' तत्व हैं। जिस प्रकार प्रत्येक वस्तु से बराबर गैसीय आभा निकलती रहती है, उसी प्रकार मनुष्य के शरीर से भी यह तीनों गैसें निरंतर निकलती रहती हैं। गैस किस प्रकार की है? यह वस्तु पर निर्भर करता है। इसी प्रकार, जैसा मनुष्य का शरीर होगा, वैसी ही यह गैस बनेगी और निकलेगी।

यह तीनों तत्व गैसीय पिण्ड हैं।

ब्रह्माण्ड में राहु–केतु गैसीय पिंड या ग्रह हैं। यह दोनों ग्रह कितने खतरनाक, दुष्ट और उत्पाती हैं, यह अविदित नहीं है। इसी प्रकार यह भी मानव–शरीर के राहु, केतु और पुच्छल तारे हैं। पुच्छल तारा भी गैसीय तत्व का होता है। अतएव् इनकी शक्ति का मात्र अनुमान ही लगाया जा सकता है। मनुष्य का शरीर अगर अपना महत्त्व रखता है, तो इन्हीं तीनों गैसीय तत्वों के आधार पर। इसी आधार पर वह अन्य प्राणियों से श्रेष्ठ बनकर इतना विकास कर गया है। अगर मनुष्य के यह तीनों तत्व अन्य प्राणियों से प्रबल–प्रखर न होते, तो वह जानवरमात्र ही बना रहता है।

मनुष्य का सम्पूर्ण शरीर वास्तव में कुछ नहीं है। इसका महत्त्व केवल इन्हीं तीनों तत्वों के कारण है।

प्रत्येक वस्तु की उत्पत्ति का कुछ न कुछ आधार अवश्य होता है, बिना आधार के कोई वस्तु नहीं बनती।

मनुष्य के इन तीनों तत्वों का उद्गम है–उसका खान–पान और उसके विचार। जैसा उसका खान–पान होगा, वैसी ही उसके शरीर की ऊर्जा होगी। अर्थात् जैसा भोजन, वैसी ऊर्जा। सात्विक भोजन–सात्विक ऊर्जा, तामसिक भोजन–तामसिक ऊर्जा। सात्विक ऊर्जा का अपना एक विशेष महत्त्व है, अतएव् 'आभा की प्रखरता' के लिए सात्विक ऊर्जा अति आवश्यक है।

मानसिक विचारों से आभा (AURA) और ज्योति बनती है।

आभा के सात रंगों में से कौन–सा रंग अधिक बनता है, किस रंग की पट्टी चौड़ी है, यह मानसिक विचारों पर निर्भर करता है। मनुष्य पर जो प्रभाव श्वेत, लाल, गुलाबी, नीले, हरे, बैंगनी रंगों का पड़ता है, वह काले रंग का नहीं पड़ता। कुत्सित विचारों से आभा (AURA) में काले रंग की पट्टी चौड़ी होती है। अतः ऐसी आभा वाले मनुष्य से दूसरे मनुष्य नफरत करने लगते हैं। वह–घृणा और बुराई उत्पन्न करती है, अतः मानसिक विचार सात्विक होने चाहिए।

प्रत्येक मनुष्य की अपनी एक अलग गंध होती है। जहां भी वह उठता–बैठता, चलता–फिरता है, अपनी हल्की–सी गंध छोड़ जाता है। इसी गंध के सहारे ज़ासूसी कुत्ता उसे पकड़ता है। प्रत्येक सजीव–निर्जीव अपनी अलग–अलग गंध रखते हैं। इसी आकार पर कुत्तों के प्रयोग को पूर्णतः प्रामाणिक माना गया है। जिस प्रकार प्रत्येक व्यक्ति के अंगूठे की 'छाप' एकदम अलग होती, उसी प्रकार व्यक्ति की ऊर्जा, आभा, ज्योति अपनी निजी होती हैं।

अपने खान–पान और विचारों के द्वारा इसे प्रभावशाली या अप्रभावशाली बनाया जा सकता है। यह सब आप पर निर्भर है।

जीवन के सर्वांगीण विकास के लिए सर्वप्रथम आप अपनी इन तीनों शक्तियों का विकास करें, इन्हें शक्तिशाली बनाएं। जब तक आप उनको शक्तिशमली, उपयोगी बनाए रखेंगे, तब तक उत्साह–उमंग और आत्मविश्वास से आप भरे रहेंगे। इनके क्षीण हो जाने पर आप असमर्थ हो जायेंगे।

आभा, ऊर्जा और ज्योति, कहीं कम कहीं अधिक, हर व्यक्ति में होती हैं। हम उसका अनुभव भी करते हैं, किन्तु पहचान न होने के कारण उसके प्रभाव को नज़र–अन्दाज़ कर देते हैं।

आभा को देखना अथवा अनुभव करना कोई कठिन कार्य नहीं है। कोई भी व्यक्ति इसे देखकर महसूस कर सकता है। अनेक स्थानों पर हम आभा प्रत्यक्ष अथवा परोक्ष रूप में अनुभव करते हैं। मन्दिर अथवा किसी धर्म–स्थल पर पहुंचकर एकाएक ही हमारा रोम–रोम प्रफुल्लित हो उठता है। हमारा सर्वांग खुशी और हर्ष से नाच उठता है। सारे दुःख और विषाद काफूर हो जाते हैं। क्यों? यह उस धर्म–स्थान के प्रभाव के कारण होता है। सिद्ध धर्म–स्थल की अपनी आभा होती है, आभा–क्षेत्र होता है, जिसके परिणामस्वरूप हम में उत्साह का संचार होता है। इसके विपरीत यदि हम किसी अवैध जुआघर अथवा शराबघर में जाते हैं तो हम कुछ–कुछ सिकुड़ जाते हैं। हमारा तेज, हमारी आभा (AURA) सहम जाती है। ज़रा–सी आहट

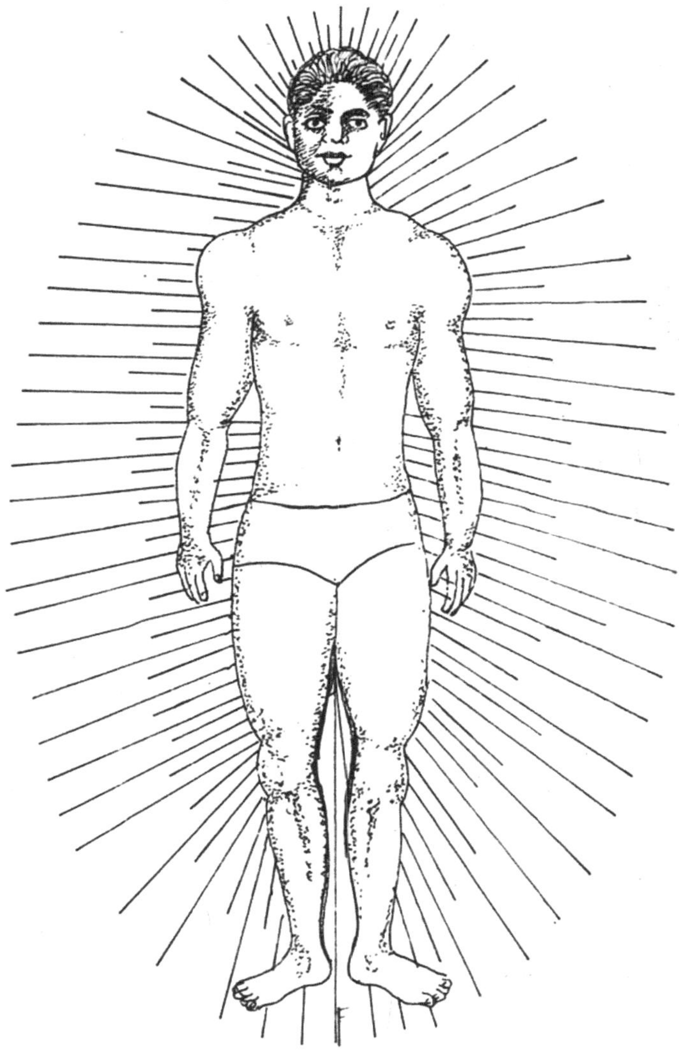

स्वस्थ शरीर से फूटता आभा का अण्डाकार वृत्त

होने पर हम सिहर उठते हैं।

ऐसे अनुभव हमें जब–तब होते रहते हैं। ये अनुभव आभा के ही विभिन्न आयामी रूप हैं।

राजेश नाम के एक शख्स को दूर से आते देख ही मैं सिहर उठता हूं और जब वह हाथ मिलाता है तो मेरे जिस्म में भय का एक तेज़ उफान–सा उठता है। इसके विपरीत अशोक को दूर से ही देख मैं उसे बांहों में भरने को मचल उठता हूं। मेरा रोम–रोम आनन्द की लहरों से आन्दोलित होने लगता है। आभा (AURA) के कई रूप होते हैं। अच्छी आभा, बुरी आभा, दुष्ट आभा, कुरूप आभा, सुन्दर आभा...!

राजेश की कुरूप आभा मुझे भयभीत करती है, वहीं अशोक की सुन्दर आभा मुझ में उत्साह का संचार करती है।

स्पष्ट है कि जैसा मनुष्य होगा, उसकी आभा भी वैसी ही होगी। आभा के गुण–अवगुण रंगों के माध्यम से प्रकट होते हैं। जिस व्यक्ति की आभा में हरे, लाल अथवा गुलाबी रंग की पट्टियां चौड़ी होंगी, वह निश्चित ही खुशमिजाज़ व्यक्ति होगा। वहीं काली पट्टी वाला व्यक्ति बदसूरत के साथ–साथ बद दिमाग़ भी होगा। हम पूर्व में ही लिख चुके हैं कि मानसिक विचारों से आभा बनती है, अर्थात् काली पट्टी वाले व्यक्ति के विचार भी काले (दुष्ट) होंगे, चाहे उसका चेहरा–मोहरा खूबसूरत ही क्यों न हो। इसी तरह गुलाबी रंग की चौड़ी पट्टी वाले व्यक्ति के लिए यह आवश्यक नहीं कि वह खूबसूरत ही हो। यदि वह असुन्दर होगा, तो भी उसके विचार सुन्दर होंगे।

जब–तब अपने विचारों के माध्यम से हम अपनी आभा के रंगों अथवा उसके आकार–प्रकार का वर्णन करते रहते हैं। 'मूड' के हिसाब से आभा के रंग बनते–बिगड़ते रहते हैं। जिस प्रकार हाथ की रेखाओं से मनुष्य के व्यक्तित्व का आकलन किया जा सकता है, ठीक उसी तरह आभा (AURA) के रंगों से भी मनुष्य के सर्वांग का तात्कालिक विवेचन वैज्ञानिक ढंग से किया जा सकता है।

बच्चों की आभा परखने के लिए एक रोचक प्रयोग किया जा सकता है। कुछ बच्चों को एक–एक ड्राइंग पेपर दीजिये और उनपर उनसे मनचाहे चित्र बनाने को कहिए। जब बच्चे चित्र बना लें तो उन्हें कहिए कि चित्र की आकृति को छोड़कर शेष पेपर (Back Ground) पर मनचाहे 'कलर' भर दें। बच्चे पेपर पर कई तरह के रंग उकेरेंगे। ये रंग बच्चों की मानसिकता

चित्रकारी में बच्चे अपनी आभा का ही प्रदर्शन करते हैं

के परिचायक होंगे। आप उसी क्षण कुछ बच्चों की आभा जांचिए। आप पायेंगे कि अपनी आभा के अनुरूप ही बच्चों ने रंगों का प्रयोग किया है। अपनी चित्रकारी में बच्चे अपनी आभा का ही अमूमन प्रदर्शन करते हैं।

संसार में जितने भी रंग हैं, वे सभी मनुष्य के शरीर में मौजूद हैं। उन रंगों के कारण ही मनुष्य का अस्तित्व है या दूसरे शब्दों में कहें तो रंगों का मनुष्य के अस्तित्व को बनाए रखने में विशेष महत्त्व है। रंग भी एक प्रकार की ऊर्जा का सृजन करते हैं। मनुष्य के शरीर का सामान्य तापमान 36°-37° से० माना गया है। इससे अधिक होने पर प्रायः ज्वर माना जाता है। मनुष्य के शरीर का यह तापमान घटता-बढ़ता भी रहता है। इसके विपरीत ऊर्जा एक समान बनी रहती है। हमें ज्ञात है, ऊर्जा सभी प्रकार के तत्वों में होती है। विशेष रासायनिक तत्वों का मिश्रण ही प्रत्येक वस्तु का निर्माण करता है। अत्यन्त सूक्ष्मतम कण इलैक्ट्रोन (Electron) और प्रोटोन (Protone) परस्पर एक दूसरे के आकर्षण में आबद्ध रहकर वस्तु का रूप-रंग और घनत्व बनाए रखते हैं तथा हम इसी आधार पर उसे पहचान पाते हैं कि यह अमुक वस्तु है। यह सूक्ष्मतम कण निरंतर नाचते रहते हैं, पर तीव्र आकर्षण के कारण एक दूसरे से चिपके दिखाई देते हैं।

वैज्ञानिक आइंस्टाइन ने सर्वप्रथम इलैक्ट्रोन और प्रोटोन को अलग कर दिया था, परिणामतः भयानक ऊर्जा के रूप में 'अणु बम' सामने आ गया। इलैक्ट्रान और प्रोटोन का एक मिश्रित सूक्ष्मतम कण अणु माना गया है। इसका विलगीकरण भयंकरतम ऊर्जा को बिखेरता है। इसी से प्रत्येक वस्तु की ऊर्जा अकल्पनीय मान ली गई है। अतएव् इसके मिश्रण या संयोजन में अर्थात् जिस रूप में हम वस्तु देखते हैं, कुछ-न-कुछ ऊर्जा अवश्य होती है। इसी प्रकार प्रत्येक जीव-जन्तु में अपनी ऊर्जा होती है। जुगनू की दुम में इसी ऊर्जा के कारण प्रकाश-सा दिखाई देता है। वह सितारों-सा टिमटिमाता है। मनुष्य के शरीर में भी ऊर्जा होती है। प्रत्येक मनुष्य की ऊर्जा भिन्न-भिन्न होती है और जब यह ऊर्जा किसी के सम्पर्क में आती है, तो उस पर उसका प्रभाव पड़ता है। जिस जगह मनुष्य कुछ देर बैठता है, वहां पर भी इसका प्रभाव पड़ता है और कुछ देर तक वह उसके जाने के बाद भी बनी रहती है। पास बैठने पर इस ऊर्जा का प्रभाव पड़ता है। हाथ हिलाने पर, शरीर के सम्पर्क होने पर और ज़्यादा प्रभाव पड़ता है। यह ऊर्जा ही है, जो प्रेमी-प्रेमिका को एक-दूसरे से बार-बार मिलने

को प्रेरित करती है। यह ऊर्जा ही है, जो पति–पत्नी का आकर्षण बरक़रार रखती है। ऊर्ज़ा के कारण ही आकर्षण–विकर्षण है। इसी के सम्पर्क से नाना प्रकार के रोगों, गुणों–अवगुणों का असर होता है। जिसे हम 'संगति का असर' कहते हैं, वह भी इसी के कारण उपजता है। दो व्यक्ति जितना आपस में बार–बार एक–दूसरे के सम्पर्क में आयेंगे, वे उतने ही एक–दूसरे से प्रभावित होंगे और एक–दूसरे की ऊर्जा ग्रहण करने के कारण गुण, दोष और व्यवहार ग्रहण करेंगे।

व्यक्तित्व–विकास में आभा (AURA) के साथ–साथ ऊर्जा (Energy) का भी बड़ा महत्त्व है। किस मनुष्य पर आपका कितना प्रभाव पड़ता है, यह इस बात पर निर्भर करता है कि आपमें कितनी ऊर्जा है। ऊर्जा कम है, तो कम प्रभाव पड़ेगा, अधिक है तो अधिक प्रभाव पड़ेगा।

परीक्षणों से यह प्रमाणित हो चुका है कि स्त्रियों में पुरुषों की अपेक्षा कहीं अधिक ऊर्जा होती है। इसी कारण पुरुष शीघ्र उनकी ओर आकर्षित हो जाते हैं, या उनसे प्रभावित होते हैं।

आयु के अनुसार ऊर्जा में परिवर्तन होता रहता है।

प्रत्येक कार्य ऊर्जा के द्वारा होता है।

प्रत्येक ऊर्जा में बहुत शक्ति होती है। यह शक्ति का प्रभाव ऊर्जा के परिमाण पर निर्भर करता है।

प्रत्येक व्यक्ति के शरीर में ऊर्जा की एक निश्चित मात्रा होती है। उसका अपना एक निश्चित आकार–प्रकार होता है। दूसरे शब्दों में इसे आभा (AURA) कहा गया है। जिसमें जितनी उच्च कोटि की ऊर्जा होगी, उसका आभा–मण्डल वैसा ही दीप्त होगा। यह विचारों की एकाग्रता की शक्ति के कारण उत्पन्न होता है।

धार्मिक मान्यता है कि कण–कण में भगवान् है और इस सृष्टि की प्रत्येक रचना में उसका अंश अपने चेतन रूप में है। विज्ञान किसी भी तथ्य को तब तक स्वीकार नहीं करता और न ही मान्यता देता है, जब तक कि उसका प्रमाण न मिल जाए। इस कारण बहुत समय तक विज्ञान यही मानता रहा कि जड़–जगत् निर्जीव होता है। दर्शन–शास्त्र के अनुसार, प्रत्येक का घटाव–बढ़ाव चेतना के आधार पर होता है। इस सिद्धान्त के कारण नदी, जल, पहाड़ सभी निर्जीव चेतनमय ठहरते हैं। उनमें विकास या ह्रास कहां से आया? क्या बिना चेतना के?

भारतीय वनस्पतिशास्त्री सर जगदीशचन्द्र बसु ने वृक्षों, लताओं पर

अपने प्रयोग से प्रमाणित किया कि उनमें भी चेतना है। वृक्ष भी हंसते हैं, गाते हैं, बातें करते हैं, रोते हैं और उन पर भी न केवल मौसम का वरन् होने वाले प्रत्येक व्यवहार का समुचित प्रभाव पड़ता है-ठीक वैसा ही, जैसा चेतन पर पड़ता है, पर जड़ बेचारे एक जगह स्थिर रहकर ही उन सब दशाओं से गुज़रते हैं। एक स्थान पर स्थिर रहने के कारण और वाणी–विहीनता की वजह से वह निर्जीव मान लिए गए। वैसे उनमें वाणी भी होती है, यह आधुनिक विज्ञान द्वारा सिद्ध कर दिया गया है। जिस प्रकार प्रत्येक सजीव की अपनी एक भाषा होती है, उसी प्रकार प्रत्येक निर्जीव की भी अपनी एक अलग वाणी होती है। मनुष्य की बोली मनुष्य, कुत्ते की बोली कुत्ते, चिड़ियों की बोली चिड़ियां समझती हैं, उसी प्रकार वृक्षों या अन्य निर्जीवों की अपनी अलग–अलग भाषा होती है। बंदर की भाषा कुत्ता, कुत्ते की भाषा बन्दर नहीं समझ सकता। ठीक उसी प्रकार जड़ एक दूसरे से भिन्न होने पर भाषा–वाणी नहीं समझ पाते। पेड़ की भाषा, पेड़ ही समझ सकते हैं, या फिर ऐसा मनुष्य जो उनकी भाषा को भली प्रकार जानता हो। मनुष्य–मनुष्य की भाषा में भी अन्तर है। अनपढ़ व्यक्ति अंग्रेजी सुनकर भी नहीं समझ सकता। इसी प्रकार एक वृक्ष अन्य वृक्ष की भाषा नहीं जानता–यानी पीपल की भाषा पीपल ही समझ सकता है, आम नहीं। वृक्ष कोई जड़–चेतनाविहीन केवल अपने सम्प्रदाय की भाषा समझ सकता है, दूसरे की कदापि नहीं।

प्राचीनकाल में अनेक विद्वान ऋषि–मुनिगण जड़, निर्जीव पदार्थों की भाषा का ज्ञान रखते थे। सजीव प्राणी-शेर, बकरी, भालू, बिल्ली, बन्दर, कुत्तों की भाषा सीखते और जानते थे। इस प्रकार वे उनसे बेखटके वार्तालाप किया करते थे। यह विद्या गुप्त विद्या के नाम से जानी जाती थी। रामचरितमानस में इसका प्रयोग देखने में आया है। भगवान् श्रीराम पूछते हैं : 'हे खग–मृग हे मधुकर सैनी, तुम देखी सीता मृगनैनी?'

सीताहरण के उपरान्त श्रीराम पेड़–पौधों, पत्थरों, लताओं से सीता माता का पता पूछते जाते थे, विलाप करते जाते थे।

प्रमाणित है कि जड़–जगत् में भी चेतना है। चेतना के कारण ही उनमें ऊर्जा होती है। ऊर्जा के कारण ही उनका अपना विशेष महत्त्व है।

पत्थरों में अपनी चेतना और ऊर्जा–आभा (AURA) के कारण उनका अपना महत्त्व है। पत्थरों से बनाई गई देवी–देवताओं की प्रतिमा इसका प्रमाण है। प्रायः देखा गया है कि किसी स्थान के देवता–विशेष का महत्त्व

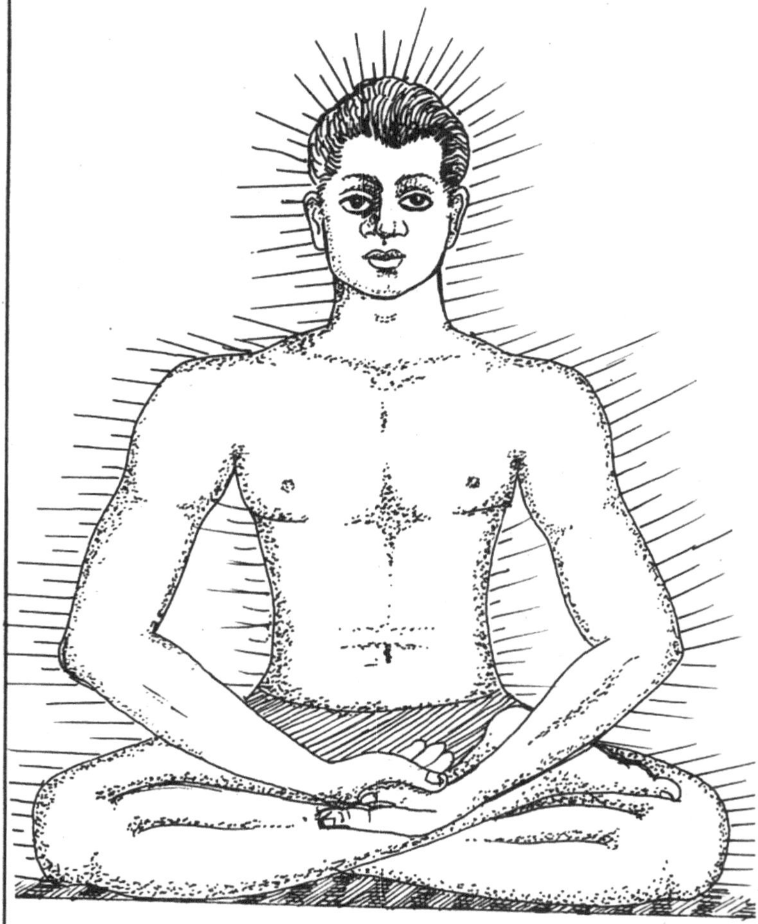

उच्च कोटि की ऊर्जा से उत्पन्न उच्च आभा-मण्डल

होता है। क्यों लोग कष्ट उठाकर अमरनाथ जाते हैं, वैष्णो देवी की पैदल यात्रा करते हैं, केदारनाथ–बद्रीनाथ जाते हैं।

आखिर किस शक्ति की प्राप्ति के लिए लोग ऐसा करते हैं?

यह सब ऊर्जा–आभा का चमत्कार है।

जो ऊर्जा–आभा इन तीर्थ–स्थलों से निकलती है, वह अन्य से नहीं। दर्शन करने वालों पर इस ऊर्जा–आभा का अनुकूल प्रभाव प्रड़ता है और अपने प्रयास से वह अपनी मनोकामना पूरी करने के योग्य बन जाते हैं। पत्थरों की ऊर्जा–विशेष ही इन मूर्तियों की, धर्म–स्थलों की प्रतिष्ठा और प्रसिद्धि का रहस्य है। फिर भी किसी भी मूर्ति का स्थापन एक विशेष समारोह के साथ किया जाता है। यह समारोह 'प्राण–प्रतिष्ठा' का होता है। 'प्राण–प्रतिष्ठा' अर्थात् उसमें ऊर्जा–आभा की स्थापना...। मूर्तियों की ऊर्जा का ही यह चमत्कार है। जिस स्थल पर उनका निर्माण हुआ है, यही उनकी विशेषता है। दर्शनार्थी के मन, रक्त, मस्तिष्क पर इसका अनुकूल प्रभाव पड़ता है और वह अपनी मनोकामना पूरी करने में समर्थ हो जाता है। उसके लिए द्वार खुल जाते हैं। इस कारण ऐसे स्थान अपने आप प्रसिद्ध हो जाया करते हैं और भक्तों की अपार भीड़ लग जाया करती है। 'प्राण–प्रतिष्ठा' भी जितनी वैज्ञानिक पद्धति से होगी, उतनी ही उस मूर्ति में अधिक ऊर्जा का समावेश होगा। यह एक निर्विवाद सत्य है।

प्रत्येक वस्तु की एक ऊर्जा–आभा होती है। वह अपनी एक ढंग की होती है। वह किसी और से मेल नहीं खाती है। इस ऊर्जा में एक गंध भी होती है। 'जासूस कुत्ते' इसी गंध के कारण अपराधी की तलाश करते हैं। दो एक से रूमाल लें। एक कुत्ते को सुंघा दें। फिर दोनों रूमाल अलग–अलग रख दें। कुत्ता केवल सूंघा रूमाल खींचकर लायेगा, गंध विशेष के कारण।

इसी प्रकार पानी (Water) की भी एक ऊर्जा–आभा होती है। कई बार इस प्रकार के समाचार आये हैं कि कुछ व्यक्ति मिट्टी सूंघकर बतला देते थे कि उसके नीचे पानी है या नहीं?

हम रत्न (Stones) क्यों पहनते हैं?

प्रत्येक रत्न की अपनी एक विशेष ऊर्जा–आभा होती है। आभा (AURA) का यह प्रभाव ही रत्नधारक को ठीक–ठीक मार्गदर्शन प्रदान करता है और उसकी हर मनोकामना पूरी होती है। अशुभ प्रभाव से बचाने के लिए रत्न 'कवच' का कार्य करता है। रत्नधारण करना पूर्णतः वैज्ञानिक कार्य है।

वैज्ञानिकों ने पेड़–पौधों पर संगीत का प्रयोग किया तो पाया कि फसल की पैदावार दुगनी हो गई। फलों की संख्या और उनकी पुष्टता

बढ़ गई। सुखद संगीत का प्रभाव उनको नया जीवन दे गया। भयानक या शोक धुन, शोक संगीत बजाने पर पाया गया कि फसल ही मारी गई। फल पकने से पहले ही रोगी हो गए। संगीत की लहरों पर फसल की बालियों को झूमते भी देखा गया है। प्रयोगशालाओं में प्रयोग करने पर स्पष्ट रूप से यह प्रमाणित हो चुका है। संगीत भी एक प्रकार की ऊर्जा–आभा उत्पन्न करता है। हम अपने प्रत्येक क्रिया–कलाप द्वारा इस आभा (AURA) का उत्पादन करते हैं, जो हम पर, हमारे खान–पान, रहन–सहन और वातावरण पर समुचित प्रभाव डालती है। यह विज्ञान द्वारा सिद्ध हो गया है।

कुछ तांत्रिक, सिद्ध योगी मन्त्र फूंक कर पानी दे दिया करते हैं। इस अभिमंत्रित पानी के द्वारा अनेक प्रकार के संकट, बाधाएं, रोग आदि दूर हो जाया करते हैं।

आधुनिक विज्ञान द्वारा यह प्रमाणित है कि प्रत्येक जड़–चेतन की संरचना अत्यन्त सूक्ष्म कणों (अणुओं) द्वारा हुई है। इलैक्ट्रोन (Electron) और प्रोटोन (Protone) नामक अणु एक–दूसरे से बंधे रहकर उनका आकार बनाए रखते हैं। इनकी प्राकृतिक संरचना में परिवर्तन से इनका रूप आकर, प्रकार बदलता है। पीतल और तांबा मिलकर जस्ता बनता है। लोहे को उच्च तापमान पर पिघलाकर इच्छित आकार दिया जा सकता है। उसकी संरचना में परिवर्तन होता है।

रत्न क्या है?

कोयले का उच्चतम रूप!

कार्बन!

कार्बन ही संसार की समस्त वस्तुओं का जन्मदाता, जनक है। इस तथ्य को विज्ञान स्वीकार करता है। काले–कलूटे कार्बन से ही समस्त जगत् चालित है। इसी कारण अधिकांश देवगण का रंग सांवला दिखाया गया है।

संगीत की मनमोहक स्वरलहरियों द्वारा फसल को उन्नत या खराब किया जा सकता है। इसी प्रकार विचारधारा अथवा आभा के प्रभाव से फूलों–फलों को प्रभावित किया जा सकता है।

यह विशाल आकाश, पृथ्वी से भी बड़े–बड़े ग्रह कैसे आकाश में तैर रहे हैं? टकराते क्यों नहीं? कौन–सी शक्ति उन्हें नियंत्रण में रखे है?

यह सारा खेल आभा (AURA) का ही है।

हमारे शास्त्रों में केवल पांच तत्व माने गए हैं। सब–कुछ पांच तत्वों का बना है। यह मानव–शरीर भी पांच तत्वों का माना गया है। अगर

हम मानव–शरीर को पांच तत्वों का पुतला कहें, तो कोई अतिश्योक्ति नहीं होगी। यह पांच तत्व हैं :

(1) आकाश (SKY)

(2) पृथ्वी (EARTH)

(3) वायु (AIR)

(4) जल (WATER)

(5) अग्नि (FIRE)

सम्पूर्ण ब्रह्माण्ड इन्हीं पांच तत्वों से निर्मित है। इन्हीं तत्वों के हज़ारों उपतत्व हैं। इन्हीं से सबकी उत्पत्ति है। यह पांच तत्व कभी नष्ट नहीं होते।

हम यहां इतना विवेचन इसलिए कर रहे हैं, ताकि जिज्ञासु पाठक आभा (AURA) के बारे में गहराई से समझ सकें। इसके विस्तार क्षेत्र के बारे में जान सकें और इसमें वृद्धि कर अपने व्यक्तित्व को नया आयाम दे सकें।

अपने शरीर की बलशाली आभा (AURA) के द्वारा किसी भी वस्तु का रंग, रूप, आकार, प्रकार परिवर्तित किया जा सकता है। आप अपनी आभा (AURA) को बढ़ाएं। आभा–शक्ति की कोई सीमा नहीं है। यह अनन्त है। जितना अधिक आप कर सकें, अच्छा है। आपकी ही शक्ति बढ़ेगी।

प्राचीन काल में ऋषि–मुनि श्राप दिया करते थे–'जा भस्म हो जा.. नर्क में जा... ऐसा हो जाए!'

उनका यह कथन सत्य निकलता था। तत्क्षण उसका प्रभाव पड़ता था। उनकी वाणी से, कठोर साधना के फलस्वरूप इस प्रकार हो जाया करता था। इसी कारण उनके श्राप से जग भय खाता था। मुख से निकला, इच्छा हुई और हो गया। यह बिल्कुल संभव बात है। कोई अलौकिक, मन–घड़न्त कल्पना नहीं है। कथन सर्वथा सत्य हो सकता है। उसमें इतना वेग होता था। आज भी कहा जाता है कि 'गरीब की आह (श्राप) न लो, नहीं तो भस्म कर देगी सब।'

आह क्या है?

मन की कोमल भावनाएं! आभायुक्त विचार तरंगें।

क्योंकर सत्य प्रमाणित होती है?

उनमें इतनी शक्ति होती है। अपनी ऊर्जा के कारण उनका ऐसा सटीक प्रभाव पड़ता है। इस आभा–शक्ति को बढ़ाने के लिए सात्विक जीवन का चयन करना चाहिए। आप इस प्रकार अपनी आभा (AURA) बढ़ा सकते हैं। आप भी किसी को भी भस्म कर सकते हैं, अपनी आभा–तरंगों का

प्रभाव डालकर किसी से भी मनचाहा कार्य करा सकते हैं।

आभा का अस्तित्व मानव–शरीर में है। अपनी आंखें बन्द कर आप स्वयं इसका अनुभव कर सकते हैं। आंखें बन्द करते ही आपको कुछ–कुछ सफेद प्रकाश ही दीखेगा, फिर वह स्वयं कालेपन में बदल जाता है और फिर प्रकाशमय हो जाता है। आंखें कसकर भींचने पर हल्का–हल्का प्रकाश दृष्टिगत होता है। यह आंख–मिचौनी बराबर चलती रहती है।

मनुष्य के शरीर में आभा का अस्तित्व है। इसका प्रमाण 'कुण्डलिनी' साधना है। कुण्डलिनी–जागरण कोई सरल कार्य नहीं है। यह एक जटिल, लम्बी और गोपनीय साधना है। इस साधना में जब साधक सफलता प्राप्त करता है, तो उस समय अर्थात् कुण्डलिनी के जागृत होने पर अद्‌भुत, परम शीतल, सौम्य आभा का दर्शन और अनुभव करता है। एक अद्‌भुत प्रकाश के रूप में कुण्डलिनी के दर्शन होते हैं। कुण्डलिनी का शरीर में रहना इस बात का प्रमाण है कि मनुष्य का शरीर प्रकाशमय (आभायुक्त) है। आधुनिक चिकित्सा–विज्ञान शरीर में कुण्डलिनी की उपस्थिति को स्वीकार करता है, नाम या पहचान अलग हो सकती है।

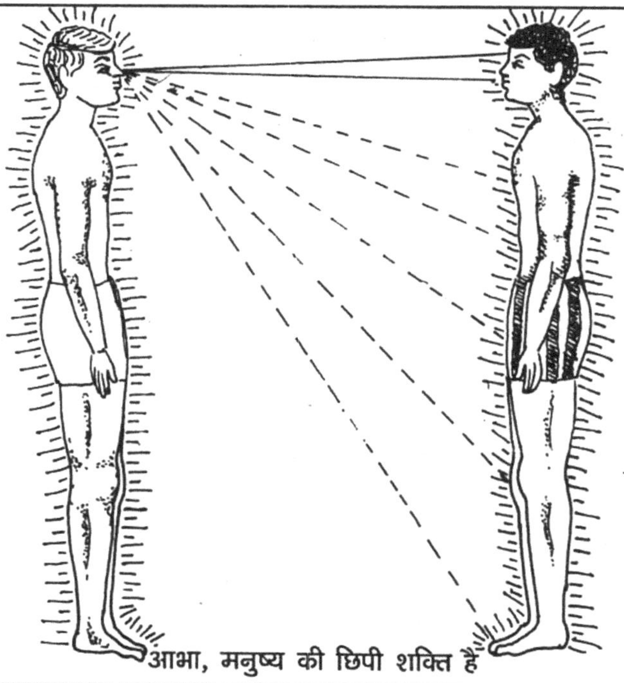

आभा, मनुष्य की छिपी शक्ति है

सृष्टि के प्रत्येक अंश में प्रकाश, ज्योति अथवा आभा (AURA) का अस्तित्व है। खंडित करने पर अणु के अग्नि स्फुलिंग इसके स्पष्ट प्रमाण हैं। जड़ हो या चेतन सब में ज्योति का अस्तित्व है। आभा के कारण ही सबका अस्तित्व है। अगर आभा (AURA) न होती तो सबकुछ हमारे लिए अस्तित्वविहीन होता। न हम कुछ जान पाते, न पहचान पाते। आभा का यही अंश प्रत्येक में विद्यमान है।

आभा की रंग–बिरंगी किरणें केवल दिन में ही क्रियाशील रहती हैं, ऐसी बात नहीं है। इसका अस्तित्व अंधकार में भी रहता है। जिस प्रकार दिन में चांद–तारे दिखाई नहीं पड़ते, इसका मतलब यह नहीं कि वह हैं ही नहीं। इसी प्रकार अंधकार देखने पर इस बात को नहीं माना जा सकता कि प्रकाश का अस्तित्व बिल्कुल नहीं है। अंधकार में भी प्रकाश (आभा) का अस्तित्व रहता है। अगर ऐसा न हो तो भला उल्लू, बिल्ली अंधकार में कैसे देख सकते? वैज्ञानिक दृष्टि से विवेचना करने पर पाया गया है कि उल्लू और बिल्ली की आंखों की बनावट ही इस प्रकार की होती है कि वह देख सकते हैं। इसके बावजूद प्रश्न यह है कि आखिर बनावट मात्र से वस्तु के दर्शन अंधकार में कैसे संभव हैं? अगर इस तरह से संभव हो, तो फिर विज्ञान द्वारा इस प्रकार की कृत्रिम आंखें न बना ली जाएं, ताकि अंधकार, कम प्रकाश और प्रकाश का झगड़ा ही समाप्त हो जाए। इसका कारण है कि अंधकार में भी प्रकाश है, आभा है, इसी आधार पर वैसी बनावट वाली आंखों द्वारा वस्तु को स्पष्ट देखा जा सकता है। इसी प्रकार जुगनू की प्रकृति द्वारा जो व्यवस्था है, वह सर्वविदित है। उसके शरीर से रात्रि के अंधकार में प्रकाश का निस्तारण होता है। प्रमाणित है कि अंधकार में प्रकाश–आभा का अस्तित्व है, हम न देख पाएं, यह दूसरी बात है।

असंतुलित और अंजानी आभाएं जब तब हमें पीड़ा भी पहुंचाया करती हैं। कई बार भीड़ से घिर जाते हैं तो हम घबरा उठते हैं और फौरन से पेशतर वहां से निकल भागते हैं। क्यों? विभिन्न व्यक्तियों की आभाओं का हम पर अलग–अलग प्रभाव पड़ता है। हम उसे बर्दाश्त नहीं कर पाते। कई बार नई जगह, नये कक्ष और नये बिछौने पर हम रातभर करवटें बदलते रहते हैं। यह सब आभा (AURA) का ही कमाल है।

आभा (AURA) मनुष्य के शरीर से अण्डाकार में 8-10 फीट की दूर तक निकलती है। शरीर की शक्ति–स्वास्थ्य के अनुरूप यह घटती बढ़ती रहती है। अनेक प्राचीन कथाओं में आपने पढ़ा होगा कि फलां ऋषि के

तेज़ से आश्रम का चप्पा–चप्पा प्रकाशित था अथवा फलां राजा के प्रताप से पूरा राज्य सुखी और सम्पन्न था। यह तेज़ और प्रताप आभा (AURA) के कारण ही संभव है। प्राचीन ऋषि–मुनिगण की आभा का दायरा मीलों तक फैला होता था। मीलों दूर से ही लोगों को आभास हो जाता था कि कोई ऋषि–मुनि अथवा सिद्ध–पुरुष उस ओर को आ रहा है और लोग उनके स्वागत की तैयारी में जुट जाते थे।

यह आपकी शारीरिक बनावट पर निर्भर करता है कि आप कैसी आभा (AURA) के मालिक बन सकते हैं। आप यदि स्वस्थ हैं, आप में तीव्र इच्छा–शक्ति है, कर्म के प्रति आप समर्पित हैं तो आप अच्छी आभा के स्वामी हैं और यदि आप रोगी हैं, कमज़ोर इच्छाशक्ति वाले हैं, अनास्थावान हैं तो आपकी आभा (AURA) भी कमज़ोर होगी। आप किसी भी व्यक्ति को प्रभावित करने में सक्षम नहीं हो सकेंगे। अच्छी ऊर्जा की प्राप्ति के लिए आपको अपना शरीर ऊर्जावान बनाना होगा।

बाहरी प्रभावों के चलते भी व्यक्ति का स्वयं का तेज़, आभा–क्षेत्र प्रभावित होता है। कई व्यक्ति अपने तीव्र आभा–प्रभाव से व्यक्तियों को रुग्ण–प्रायः बना सकते हैं। छूत की बीमारियों का एक–दूसरे के लगना प्रायः इसी आभा (AURA) के चलते होता है। बुरी आभा अच्छी आभा वाले व्यक्ति को प्रभावित करती है, वहीं अच्छी आभा भी बुरी आभा को प्रभावित करती है।

कमज़ोर आभा (Weak Aura)

शिथिल और क्लांत व्यक्ति जीवन में अपेक्षित उन्नति नहीं कर पाता। उसका शरीर निढाल–सा रहता है। तेज़ अथवा आभा का सर्वथा अभाव रहता है उसके चेहरे पर। ऐसा व्यक्ति अपने व्यवहार से किसी को भी प्रभावित नहीं कर सकता। जीवन में समुचित उन्नति के लिए आभा–मण्डल का तीव्र होना आवश्यक है। आभा–मण्डल बाज़ार से नहीं खरीदना पड़ता। न ही इसके लिए कोई विशेष प्रयास करने की आवश्यकता है।

खुराक (Diet)

कई व्यक्ति अपने खान–पान पर ध्यान नहीं देते। अनियमित खान–पान से व्यक्ति का पूरा ढांचा प्रभावित होता है। यदि किसी मशीन को नियमित तेल–पानी सुचारु रूप से न दिया जाए तो वह भी खराब हो जाती है। आदमी का शरीर भी एक मशीन है, एक जटिल मशीन। इसे

पौष्टिक व नियमित खुराक की आवश्यकता होती है, तभी यह सुचारु रूप से चल सकता है। प्रोटीन, विटामिन व अन्य समुचित पोषाहारों के अभाव में मानव शरीर तेज़हीन, आभाहीन हो जाता है। हमें इसका समुचित ध्यान रखना चाहिए।

व्यायाम (Exercise)

जन्म के साथ ही शिशु के शरीर में हरकत शुरू हो जाती है। फिर वही शिशु धीरे–धीरे हाथ–पैर फेंकने आरम्भ कर देता है। इस तरह वह अपने शरीर में ऊर्जा का उत्पादन करता है। यह ऊर्जा उसके शारीरिक विकास में सहायक होती है। ऊर्जा क्या है? ऊर्जा भी आभा ही है। बच्चा इस तरह शैशवकाल से ही आभा के निर्माण में जुट जाता है। यह ऊर्जा वह हाथ–पैरों को हिला–हिलाकर ग्रहण करता है। यह एक तरह की कसरत (Exercise) है। प्रकृति स्वयं बालक को कसरत के लिए प्रेरित करती है। कसरत से भी अपनी ऊर्जा, अपनी आभा को निखारा जा सकता है। नियमित कसरत कीजिये। वैसे, आज की दौड़–भागपूर्ण ज़िन्दगी स्वयं एक कसरत है, तथापि 'कसरत' के लिए की जाने वाली 'कसरत' ही सही मायने में कसरत है अतः कसरत कीजिये। इसे अपने जीवन का एक आवश्यक अंग बना लीजिये, फिर देखिये–किस तरह आपका कायाकल्प होता है।

कसरत की उपयोगिता का एक वाकया मुझे याद आ रहा है : विनोद (नाम बदल दिया है) के जीवन में सारी खुशियां मौजूद थीं, लेकिन उसका शरीर तेज़–आभाहीन था। किसी काम में उसका मन नहीं लगता था। स्वभाव भी चिड़चिड़ा हो गया था। अपने घर में बीवी–बच्चों से झगड़ना और ऑफिस में सहकर्मियों से–यही उसका शगल बन गया था। एक दिन उसे तेज़ पेट दर्द हुआ। दर्द से वह छटपटाने लगा। उसे अस्पताल पहुंचाया गया।

डाक्टर ने अल्ट्रासाउण्ड किया। कई अन्य परीक्षण किये और विनोद को बताया कि उसे कैंसर है। अंतिम चरण का कैंसर। अब दवाएं भी काम नहीं कर सकती थीं। अब क्या हो? क्या किया जाए? विनोद जीवन से हताश हो उठा। उसके स्वभाव में चिड़चिड़ापन इसी कारण से था। डाक्टर ने सलाह दी थी कि हंसी–खुशी बाकी जीवन भगवान् भरोसे बिताये। उसने अपना व्यवहार बदला। लोगों से प्रेमपूर्वक बोलना–बलियाना आरम्भ किया। साथ ही उसने नियमपूर्वक हल्का–फुल्का व्यायाम (Exercise) शुरू कर दिया। व्यायाम से उसके अन्दर जीने की इच्छा (जीजीविषा) पैदा हुई। उसके शरीर में एक परिवर्तन होने लगा–बाहरी परिवर्तन–आंतरिक परिवर्तन। दो साल

गुज़र गए। व्यायाम में एक भी दिन की चूक नहीं हुई। एक दिन वह पुनः उसी डाक्टर के पास चैक–अप करवाने पहुंचा। और आश्चर्य! अब वह बिल्कुल रोग–मुक्त हो चुका था। चिकित्सा जगत् की यह एक अविश्वसनीय घटना थी, लेकिन चमत्कार को सब नमस्कार करते हैं–प्रकृति के चमत्कार के सामने विज्ञान हार गया था। तो यह था व्यायाम का चमत्कार।

नियमित व्यायाम से मनुष्य के शरीर में एक शक्तिशाली हारमोन का स्राव होता है। यह हारमोन अनेक विकारों [illegible] ता है। विज्ञान ने भी इस बात को स्वीकार किया है। नि[illegible] शराब की लत छूट सकती है। चिड़चिड़ापन, शिथिलता, निर[illegible] यायाम के चलते काफूर हो जाते हैं।

अपनी आभा (AURA) को तीक्ष्ण करने के लिए आप भी नियमित व्यायाम कीजिये। व्यायाम से कायाकल्प संभव है। कहा भी गया है–हैल्थ इज़ वैल्थ (Health is Wealth)। उत्तम स्वास्थ्य होगा तो आप अपने कर्म के प्रति अधिक श्रम और समर्पण के भाव से कार्य करेंगे, फिर धन कोई समस्या नहीं रह जाएगा।

तनाव (Tension)

तनाव को मार भगाइये। तनाव चिन्ता से पैदा होता है। चिन्ता के बारे में कहा गया है–'चिन्ता चिता के समान है।' आज की दौड़–भागपूर्ण ज़िन्दगी में तनाव हो जाना आम बात है। सुबह भारी ट्रैफिक में ऑफिस पहुंचने की जल्दी। दिन में काम का बोझ। शाम को फिर घर लौटने की मारा–मारी। महंगाई, कम वेतन, बीमारी, असंतुष्टि–अनेक कारण हो सकते हैं तनाव के।

तनाव के चलते व्यक्ति उन्नति नहीं कर सकता। उसका आभाक्षेत्र विकसित नहीं हो सकता। तनाव से व्यक्ति स्वयं तो व्यथित होता ही है, उसके सम्पर्क में आने वाले, रहने वाले भी तनावग्रस्त हो उठते हैं। तनाव एक छूत का रोग है। यह सर्वव्यापक है। इसके हमले से कोई नहीं बच सकता। हमें मजबूरी में तनाव करना तो चाहिए, लेकिन इसे पालना नहीं चाहिए। तनाव को दूर करने के लिए तनाव करना कोई उपाय नहीं।

तनाव से बचकर आप अपनी आभा (AURA) को निखार सकते हैं। तनाव एक रोग है। रोग को कोई पालना नहीं चाहता, फिर क्यों आप तनावग्रस्त रहते हैं इसे अपने मन–मस्तिष्क से झटक दीजिये, फिर देखिये आप स्वयं को कितना हल्का–फुल्का महसूस करते हैं। आप स्वयं को फूल

सा अनुभव करेंगे, मानो आपके पंख लग गए हों और आप उड़े चले जा रहे हैं–खुले आकाश में–ऊपर और ऊपर।

तनाव को झटकने से उत्पन्न हुई आभा का चमत्कार है यह। आभा से आप जीवन की बुलंदियों को छू सकते हैं। बड़े–से–बड़े खतरे से आप टकरा सकते हैं। आपके तेज़–आभा के सामने सब कुछ गौण हो जाएगा, जैसे सूर्य के मुखर होते ही सितारे आसमान में लुप्त हो जाते हैं।

आराम (Rest)

मेहनत के पश्चात् पूर्ण आराम आवश्यक है। भरपूर आराम कीजिये। आराम के दौरान आलतू–फालतू बातों को दिमाग़ से खुरच दीजिये। आराम के अभाव में भी आपकी आभा का विकास नहीं हो पाता। कई लोगों को आपने देखा होगा कि धन–दौलत, बंगला–गाड़ी होने के बाद भी उनके जीवन में उत्साह और उमंग का अभाव होता है। किसी काम में उनका मन नहीं लगता। बस, वे काम करने के लिए काम करते हैं। काम करना उनकी मजबूरी होती है। यह सब आराम के अभाव के चलते होता है।

दिनभर काम के बाद शरीर की मशीनरी को आराम की आवश्यकता होती है। आराम के बाद जब मनुष्य उठता है, तो पहले–सा ही ताज़ादम हो जाता है। काम करने में उसे आनन्द आता है। उमंग–उत्साह से उसका रोम–रोम खिला होता है। उसके सम्पर्क में आने पर दूसरे लोग भी प्रभावित होते हैं।

आपने देखा होगा : जब कोई ओजस्वी नेता अपने अनुयायियों को किसी काम के लिए प्रेरित करता है तो उसके अनुयायी बिना कुछ सोचे–समझे उसके पीछे हो लेते हैं। यह उस नेता की आभा (AURA) का ही कमाल है।

महात्मा गांधी, सुभाषचन्द्र बोस के एक इशारे पर लोग कुछ भी कर गुज़रने को तत्पर हो उठते थे। यह प्रखर आभा–शक्ति का ही चमत्कार था।

आप भी वैसे बनिये। कार्य के पश्चात् पूर्ण आराम कीजिये। आभा (AURA) के विकास के लिए पूर्ण आराम भी परमावश्यक है।

नशा (Intoxication)

नशीले पदार्थों से बचिये। ड्रग्स, तम्बाकू, शराब, सिगरेट... इनसे कोई लाभ नहीं। इनके सेवन से मनुष्य आलसी बन जाता है। यह कहना गलत

होगा कि शराब पीने से आदमी की कार्यकुशलता बढ़ती है। नहीं, हरगिज नहीं। मादक द्रव्य बल्कि धूम्रपान भी आपकी शक्तिशाली आभा (AURA) को कम कर सकता है। जितना अधिक आप इन व्यसनों से दूर रहेंगे, उतना ही शक्तिशाली प्रभाव आपकी आभा (AURA) का बना रहेगा। मादक द्रव्य आपकी ऊर्जा–आभा को शक्तिहीन करते हैं और धीरे–धीरे लकड़ी में लग गए घुन की तरह ये आपकी मानसिक शक्तियों को दुर्बल कर डालते हैं।

मादक पदार्थों का सेवन करने वाला व्यक्ति समाज में उचित स्थान नहीं पाता। उसकी योग्यता–शक्ति धीरे–धीरे समाप्त होती जाती है। कार्य करने की क्षमताओं का ह्रास होता चला जाता है। अपने घर में भी ऐसे व्यक्ति उपेक्षित होते हैं। उन्हें तिरस्कृत नज़रों से देखा जाता है।

आप स्वयं ही सोचिए : पैसे खर्च करने के बाबजूद आप कुछ नहीं पाते, सिवा अपमान के। शराब पीकर आप अपना तो अहित करते ही हैं, अपने आसपास के वातावरण को भी दूषित करते हैं। शराब, ड्रग्स आदि के सेवन के पश्चात् मुंह से व्यक्ति चाहे कुछ भी न बोले, उसके शरीर में छिपी आभा (AURA) सब कुछ कह देती है। आभा के विभिन्न रंग इस वक्त बुरी तरह प्रभावित होते हैं और सूक्ष्म जीवों की तरह आसपास के लोगों पर हमला बोल देते हैं।

आपने कभी यह देखा है कि जब आप शराब पीकर घर पहुंचते हैं तो आपकी पत्नी की सिट्टी–पिट्टी गुम हो जाती है। आपके बच्चे यहां–वहां दुबक जाते हैं। पास–पड़ोसी आपसे कन्नी काट जाते हैं। क्यों ? बुरी आभा (AURA) के कारण। यह व्यसन धीरे–धीरे आपको इस बुरी तरह से जकड़ लेते हैं कि आप इनके गुलाम बन जाते हैं। तब आप इन्हें नहीं पीते, बल्कि ये आपको पीने लगते हैं।

अपनी आभा (AURA) को प्रखर करने के लिए आवश्यक है कि इन व्यसनों से बचा जाए। एक–एक बूंद से समुद्र बनता है। एक–एक बूंद मादक पदार्थ जुड़कर आपको भी शिथिल कर सकता है। आपकी आभा को पूर्णतः समाप्त कर सकता है। आभारहित शरीर 'कंकाल' से बढ़कर कुछ नहीं।

नकारात्मक सोच (Negative Thinking)

नकारात्मक सोच व नकारात्मक आदतों के चलते भी व्यक्ति की आभा–ऊर्जा दबी–दबी–सी रहती है। ऐसा व्यक्ति सहमा–सिकुड़ा रहता है। हमेशा आशावादी रहें। निराशावाद से कुछ हासिल नहीं होता। व्यक्ति के जैसे

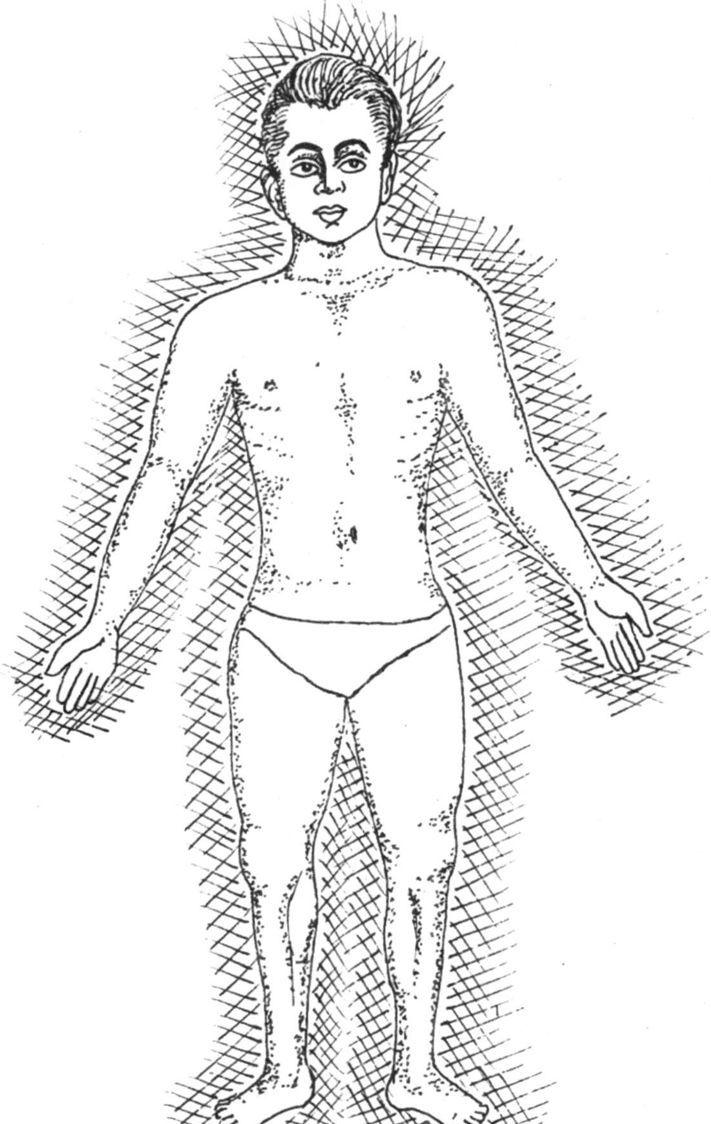

कमज़ोर आभा रुग्ण शरीर

विचार होते हैं–तन व मन भी उसी के अनुरूप ढलता है। अच्छी सोच से अच्छी व प्रखर आभा का तेज़ आपके शरीर में दौड़ेगा, वहीं बुरी व कमज़ोर सोच से आप लगभग टूट–से जायेंगे। निढाल, उदास, सुस्त... किसी कार्य में आपका मन नहीं लगेगा।

जब कभी नकारात्मक सोच आप पर हावी होने लगे, तो तत्क्षण उसे दिमाग़ से झटक दीजिये। अपना ध्यान दूसरी ओर केन्द्रित कर लीजिये। घर–गृहस्थी, अच्छी पुस्तकों में लिप्त रहकर अपनी सोच को बदला जा सकता है। सकारात्मक सोच सकारात्मक (Positive) आभा (AURA) को जन्म देगी, नकारात्मक (Negative) सोच नकारात्मक आभा को।

यदि किसी गिलास में आधा दूध है, आधा खाली–तो आधे खालीपन को मत देखिये, बल्कि यह देखिये की वह आधा भरा है। आपसे पूछा जाए तो आप बताएं कि गिलास आधा भरा है, यह न कहें कि गिलास आधा खाली है। जो व्यक्ति खालीपन को देखता है, वह नकारात्मक सोच पर बल देता है। उसका मन–मस्तिष्क नकारात्मक सोच का 'घर' होता है। ऐसा व्यक्ति सब कुछ पा लेने पर भी असंतुष्ट रहता है। और असंतुष्ट व्यक्ति पूर्ण ज़िन्दगी नहीं जी सकता। उसका शारीरिक विकास पूर्णता को नहीं पा सकता। वह मानसिक तौर पर सुदृढ़ नहीं हो सकता। कहीं–न–कहीं वह किसी से पीछे है। ऐसे व्यक्ति की आभा (AURA) प्रखर नहीं हो सकती। लोगों पर प्रभाव नहीं छोड़ सकता ऐसा व्यक्ति। जो कार्य पूरे श्रम और श्रद्धा से किया जाता है, वही सफल होता है। यदि हम यह सोचकर क़ार्य करें कि पता नहीं, होगा भी कि नहीं? कहीं असफल न हो जाएं? इस तरह की भावना से कार्य होने में निश्चित ही संदेह बना रहेगा। इस सोच को निकालकर किया गया कार्य निश्चित ही सफल होगा और अपेक्षित लाभ देगा। ऐसे व्यक्ति की आभा भी निश्चित ही प्रखर होगी।

अतएव् इन कमज़ोरियों को अपने अन्तर से निकाल बाहर कीजिये। सम्पूर्ण व्यक्तित्व के लिए यह अत्यावश्यक है। अपनी आभा (AURA) के चरमोत्कर्ष से ही आप पूर्ण व्यक्ति बन सकते हैं।

उन्नत आभा (Strong Aura)

उन्नत आभावान व्यक्ति सभी को अपनी ओर आकर्षित करता है। उसके सम्पर्क में आने वाले व्यक्ति भी एक नई आभा (AURA) से रोमांचित हो उठते हैं। कभी आपने अनुभव किया हो कि किसी से हाथ मिलाने

पर आप झन्कृत हो उठे हों, मानो आपके शरीर में किसी ने विद्युत (Current) प्रवाहित कर दिया हो। जब किसी प्रखर आभा वाले व्यक्ति से हमारा सम्पर्क होता है, तो प्रायः ऐसा होता है। आपने देखा होगा, प्रवचन के दौरान श्रोता अक्सर आत्मविभोर हो उठते हैं। तन–मन की सुधि भूलकर कई श्रोता तो नृत्य कर उठते हैं। यह प्रवचनकर्ता की आभा (AURA) का ही प्रभाव होता है। जितनी विकसित आभा होगी, उसका प्रभाव क्षेत्र भी उतना ही विस्तीर्ण होगा। प्राचीन ऋषि–मुनिगण तप से इतनी आभा संग्रहीत कर लेते थे कि वन–प्रान्तर का कण–कण उनकी आभा से दैदीप्यमान हो उठता था। पशु–पक्षियों का एक ही घाट पर पानी पीना इसी आभा (AURA) के प्रताप से संभव होता था।

आभा का प्रभाव सिर्फ प्राणियों पर ही पड़ता हो, ऐसा नहीं है, प्रकृति भी इससे प्रभावित होती है। कई वृक्ष ऐसे हैं जो हमारे स्पर्श मात्र से संकुचित हो उठते हैं। छुई–मुई को हम स्पर्श करते हैं तो उसके पत्ते सिकुड़ जाते हैं, यह हमारी आभा का ही चमत्कार है। आभा के प्रभाव से हर कोई प्रभावित होता है। वह प्रभाव हमें दिखाई न दे, यह अलग बात है।

इन्द्रधनुषी रंग सभी को पसंद हैं। हम हर चीज़ के चुनाव में रंगों का विशेष ध्यान रखते हैं। हर रंग का अपना अलग महत्त्व है। रंगों का महत्त्व जीवन के हर क्षेत्र में दिखाई पड़ता है। आभा (AURA) भी सतरंगी होती है। इसके रंगों का चुनाव भी आप स्वयं कर सकते हैं। अच्छे रंगों के चयन से आपकी आभा (AURA) अच्छी और मज़बूत होगी, इसके विपरीत बुरे और दुष्ट रंग आपकी आभा (AURA) को भी उसी के अनुरूप ढाल देंगे।

अच्छे व्यक्तित्व के लिए अच्छी आभा का होना परमावश्यक है। अच्छी आभा (AURA) का निर्माण हम स्वयं कर सकते हैं।

खुश रहिए

खुश रहने में हमारा कुछ नहीं बिगड़ता। इसके लिए हमें कुछ खर्च भी नहीं करना पड़ता। मनुष्य का जीवन विभिन्न उतार–चढ़ावों से भरा होता है। सुख के साथ–साथ दुःख भी जीवन का एक अहम हिस्सा है। जैसे हमारी छाया सदैव हमारे साथ होती है, उसी तरह सुख का दूसरा पहलू है दुःख। दुःख को भी हमें हंसते–हंसते झेलना चाहिए। जब–जब हम दुःख में उदिग्न हों, तो अकेलेपन को त्याग दें। लोगों से बोलें–बतियाएं–

दुःख दूर करने का यह सरल उपाय है। दुःख में आपकी आभा (AURA) भी फीकी पड़ जाती है। वह आपके चेहरे से झलकता है। हमारे चेहरे का रंग उड़ जाता है। इसी तरह आभा (AURA) के सतरंगी रंग भी बाधित होते हैं। अतएव् अधिक से अधिक खुश रहने की कोशिश करनी चाहिए।

खूब हंसिए

हंसता–मुस्कराता चेहरा सभी को भाता है। अगर आपके चेहरे पर हमेशा क्रोध विद्यमान रहता है, तो कोई आपको पसंद नहीं करेगा। हंसना स्वास्थ्य के लिए उत्तम है। हंसने से स्वास्थ्यवर्द्धक हारमोन्स का स्राव होता है, यह विज्ञान ने भी सिद्ध कर दिया है। हंसी के प्रभाव को जानकर ही अनेक ऐसे क्लब, संस्थाएं बन गई हैं जो हंसने की कसरत कराती हैं। हंसना–हंसाना भी आज एक पेशा बन गया है। एक सामान्य क्रिया को हम भुला बैठे हैं।

बच्चों को सभी क्यों पसंद करते हैं? क्योंकि उनके चेहरों पर निष्कलंक हंसी होती है। उनकी हंसी में रहस्य नहीं छिपे होते। यह हंसी आभा (AURA) के विकास के लिए अत्यन्त आवश्यक है। हंसना एक सम्पूर्ण व्यक्तित्व की अभिव्यक्ति है। कुछ लोगों का यह विश्वास है कि हंसी–ठहाकों से व्यक्तित्व समग्र नहीं बन पाता। यह विश्वास मिथ्या है। कोरा ढकोसला है। खूब हंसिए। हंसना भोजन की तरह आवश्यक है। हम अनेक क्रियाओं द्वारा शिशु को हंसाने की कोशिश करते हैं। उसके हंसने पर स्वयं भी हंसते हैं, प्रसन्न होते हैं। यह मूलभूत आवश्यकता है। सफलता की कुंजी है। हंसने–मुस्कराने से आपकी आभा (AURA) अपेक्षानुसार मुखर होगी। आपके व्यक्तित्व में चार चांद लगा सकती है सौम्य हंसी।

'जी' मत बिगाड़िए

'जी' या 'मूड' विशेषज्ञ कहते हैं कि मनोदशाएं वे भावनाएं होती हैं, जो आपके व्यक्तित्व पर छा जाने की प्रवृत्ति रखती हैं और व्यक्ति के दृष्टिकोण को घंटों, दिनों अथवा सप्ताहों तक प्रभावित करती हैं। आपका मूड अगर अच्छा है तो यह एक बढ़िया बात है लेकिन अगर आप खिन्न, व्यग्र, कुपित हैं तो यह एक समस्या है। आभा (AURA) भी इससे आहत होती है।

मूड खराब हो तो सबसे अच्छा है, बोलना–बतियाना। आधुनिक औषध–विज्ञान आजकल प्रशांतिकर, अवसाद और व्यग्रता दूर करने वाली औषधियों की भरमार किए है–पर लोग यह नहीं जानते कि वैज्ञानिकों ने बिना दवा के ही मनचाही मनोदशा से मुक्त करने के कई प्रभावी उपायों की खोज की है। यह तरीके औषधियों जितने ही कारगर हैं, इनके साथ किसी प्रतिकूल प्रभाव या इनकी आदत पड़ जाने जैसा कोई खतरा भी नहीं है। अतः अबकी बार आप खिन्न हों तो औषधालय की ओर मत जाइये, बल्कि व्यायाम (Exercise) कीजिये। व्यायाम, बुरी मनोदशा के लिए सबसे प्रभावशाली उपचार है। थोड़ी देर के व्यायाम के बाद ही आप कहना भूल जाएंगे कि 'मूड नहीं है।'

शोधकर्त्ताओं ने उन जीव रासायनिक तथा विभिन्न अन्य परिवर्तनों का सूक्ष्म निरूपण किया है जो मनोदशा सुधारने के लिए व्यायाम को औषधियों की तुलना में प्राथमिकता प्रदान करते हैं।

दौड़ना, साइकिल चलाना, तेज़ चलना, तैरना या अन्य दीर्घकालीन क्रियाएं–जो हृदय की गति को बढ़ाती हैं, रक्त संचार में वृद्धि करती हैं और शरीर द्वारा आक्सीजन के उपयोग में सुधार लाती हैं। एक बार में कम–से–कम 25 मिनट के हिसाब से उन्हें सप्ताह में 4 से 6 बार कीजिये।

मूड पर रंगों का भी प्रभाव पड़ता है। चिड़चिड़ेपन व क्रोध को शान्त करने के लिए लाल रंग से दूर रहना अच्छा रहता है। लाल पर गहरे नीले रंग अवसाद को बढ़ाते हैं। अपने मूड को संवारने के लिए चमकीले खुशनुमा उत्प्रेरक रंग अपनाइये।

स्वस्थ आभा (Healthy Aura) के लिए मूड का स्वस्थ होना आवश्यक है। उपर्युक्त विधि से पहले मूड ठीक कीजिये, आपकी आभा (AURA) फिर स्वयं ही सबको प्रभावित करने योग्य हो उठेगी।

कम बोलिये

कम बोलिये और अपने मस्तिष्क को स्वस्थ रखिए। स्वस्थ मस्तिष्क ही अच्छी–बलवान आभा (AURA) का स्वामी हो सकता है। एक कहावत है : 'वाचालता लभते नाशम्।' अर्थात् अधिक बोलने वाला, नाश को प्राप्त होता है।

अधिक बोलकर आप अपनी ऊर्जा–आभा को नष्ट मत कीजिये। कम शब्दों में अधिक बात कहिए। अपने विचारों को कम शब्दों में प्रभावशाली

तरीके से प्रस्तुत कीजिये। इस तरह आप अपना कैसा भी काम निकलवा सकते हैं। किसी के सामने आपको हाथ जोड़ने की आवश्यकता नहीं होगी, वरन् आप सम्मानपूर्वक अपना कार्य करवाएंगे।

शरीर के प्रत्येक क्रिया–कलाप के लिए ऊर्जा की आवश्यकता होती है। हर जुम्बिश में ऊर्जा का व्यय होता है। एक उंगली को भी ज़रा–सा हिलाने में ऊर्जा व्यय होती है। बोलने में भी ऊर्जा का व्यय होता है। आजकल स्मार्ट दिखने के लिए लोग ज्यादा–से–ज्यादा बोलते–बतियाते हैं। इसका कोई महत्त्व नहीं। वह अपनी ऊर्जा–आभा को ही व्यर्थ करते हैं। अधिक बोलकर नहीं, कम व संतुलित बोलकर लोगों पर अधिक प्रभाव डाला जा सकता है।

शब्दों की फ़िजूलखर्ची से बचिए। एक बार खर्च किए गए शब्द तीर से निकले कमान की तरह वापस नहीं आ सकते। अतएव् सावधानी बरतें।

एक बार एक सज्जन ने महात्मा गांधी से पूछा–"आप अकेले इतना काम कैसे कर लेते हैं?" तो महात्मा जी ने जवाब दिया–"कम बोलकर। मैं व्यर्थ बोलकर अपनी ऊर्जा–आभा को नष्ट नहीं करता।"

अपने व्यक्तित्व को निखारने के लिए आप भी कम–से–कम बोलें। कम बोलने से आपकी आभा (AURA) तो निखरेगी ही, आप काम भी अधिक कर सकेंगे। आपकी कार्यकुशलता बढ़ेगी। आप लोगों के अनुकरणीय बनेंगे।

सद्विचार अपनाइये

चरित्रवान होना आज के युग में बहुत कठिन है, लेकिन असंभव नहीं है। हम सच नहीं बोल सकते, तो कम–से–कम झूठ तो न बोलें।

सद्विचारों से आपके मन–मस्तिष्क को ताकत मिलती है। व्यक्ति ऊर्जावान होता है। उसमें कार्य करने की शक्ति बढ़ती है। सद्विचारों वाला व्यक्ति फौलाद–सा मजबूत होता है। उसके मन में किसी प्रकार का भय नहीं होता। उसकी आभा (AURA) प्रखर तेज़वान होती है।

अतः गन्दी व कुत्सित भावनाएं अपने मन में बिल्कुल न आने दें। गन्दे स्थान, कुविचार, गन्दे चित्र आपकी मानसिक शक्ति को समाप्त कर देंगे। आपकी ऊर्जा शक्तिहीन हो जाएगी। साथ ही आपकी आभा (AURA) भी कम होगी। अपने मन में अधिक सद्विचार लाइए। अपना मन मज़बूत कीजिए।

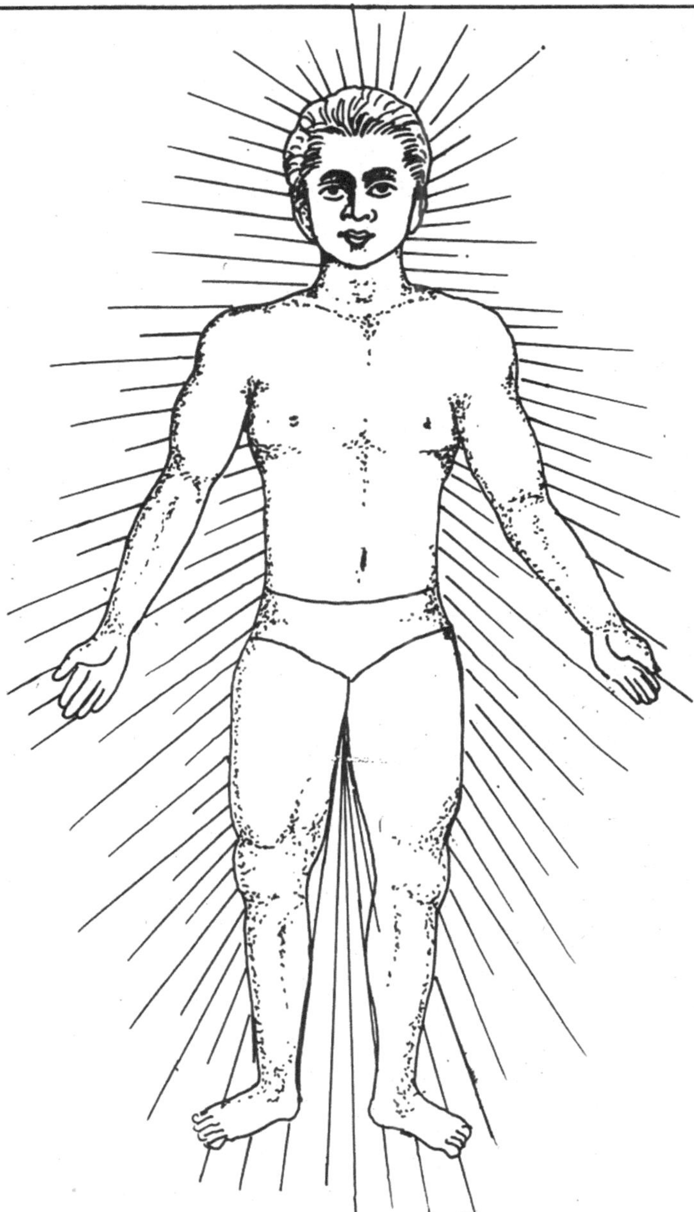

उन्नत आभा : स्वस्थ शरीर

विचारों की सात्विकता से मानसिक तरंगें शक्तिशाली बनती हैं। उनका तेजी से और दूर तक प्रभाव पड़ता है। सात्विक और तामसिक विचारधारा का वैज्ञानिक अध्ययन किया जा चुका है। एक व्यक्ति जब अच्छी बातें (सात्विक विचार) मन में लेता है, तो उसका रक्त तेजी से शुद्ध होने लगता है। शुद्ध रक्त स्वास्थ्य और सौंदर्य के लिए परमावश्यक है।

जब तामसिक (खराब–गंदे) विचार मन में जन्म लेते हैं तो हमारा रक्तचाप (Blood Pressure) कम होने लगता है और हमारे मस्तिष्क का ज्ञानकोष, चैतन्यता, स्फूर्ति लुप्त होने लगती है। यह पूर्णतः प्रमाणित हो चुका है। हमारे ऋषि–मुनियों, साधकों, अवतारों की आभा (AURA) दूर ही से अलग नज़र आती थी। क्या कभी किसी तामसिक प्रवृत्ति के मनुष्य, राक्षस आदि की आभा (AURA) नज़र आई है?

सात्विक विचार मनुष्य की क्रियाशक्ति को भी सुदृढ़ बनाते हैं। अच्छे विचारों वाला व्यक्ति हमेशा स्फूर्ति और ताजगी से भरा रहता है। कुविचारों वाले व्यक्ति का शरीर सदैव आलस्य और दुर्गन्ध से भरा रहता है। तभी तो हमारे यहां सादा रहन–सहन और ऊंचे विचारों (Simple Living and High Thinking) पर विशेष ध्यान दिया जाता है।

बहुचर्चित भगवान् रजनीश की तरफ क्यों इतने लोग आकर्षित हो जाया करते थे, उनकी आभा (AURA) के कारण। महर्षि महेश योगी के क्यों इतने अनुयायी हैं? इसके पीछे भी कारण आभा (AURA) ही है।

आधुनिक विज्ञान कहता है कि मनुष्य का शरीर जहां भी जाता है, वहां एक प्रकार का ऊर्जा–क्षेत्र बनाता जाता है। उस क्षेत्र के दायरे में आने वाली प्रत्येक वस्तु उसकी ऊर्जा से प्रभावित होती है।

मनुष्य का शरीर एक ग्रह की भांति है जिसमें हर तरह की ऊर्जा मौजूद है। ध्वनि (Sound), प्रकाश (Light), वैद्युतीय (Electrical), चुम्बकीय (Magnetic) हर तरह की ऊर्जा मनुष्य के शरीर से विसर्जित होती है, जो वातावरण पर अपना प्रभाव छोड़ती है। उसकी स्वयं की ऊर्जा भी दूसरी ऊर्जा से प्रभावित होती है।

यह ऊर्जा मनुष्य के शरीर के विभिन्न कोणों से निकलती है जो कि मापी जा सकती है। एक मशीन की भांति ही हमारा शरीर कार्य करता है। एक सिद्धान्त रूप में यह ऊर्जा का उत्पादन करता है। वैज्ञानिक खोजों से यह बात प्रमाणित हो चुकी है।

यह ऊर्जा आती कहां से है? मनुष्य प्रकृति से ऊर्जा ग्रहण करता है और उसे विभिन्न रूपों में निश्चित बिन्दुओं से उत्पादित करता है। यह

ऊर्जा ही विभिन्न रंगों में आभा (AURA) के रूप में उद्घाटित होती है।

यहां यह बात ध्यान रखने योग्य है कि प्रत्येक मनुष्य की ऊर्जा–आभा अपने ही ढंग की एक अलग प्रस्तुति होगी। किन्हीं भी दो व्यक्तियों की आभाएं (AURAS) एक–सी नहीं हो सकतीं। मशीन और मनुष्य में यही मूलभूत अन्तर है।

क्या आप जानते हैं कि आपका आभा–क्षेत्र (Auric Field) दूसरी ऊर्जा–आभा से किस तरह प्रभावित होता है? आपकी ऊर्जा दूसरों को किस तरह प्रभावित करती है? आपकी ऊर्जा दूसरों से किस तरह प्रभावित होती है? क्या आप अपनी ऊर्जा–आभा–शक्ति का आकलन कर सकते हैं?

व्यक्तित्व के सम्पूर्ण विकास के लिए यह जानना आवश्यक है। आपके लिए यह जानना भी आवश्यक है कि किस तरह आपकी आभा (AURA) का प्रभाव–क्षेत्र कम हो जाता है।

आभा (AURA) तरंगों के रूप में शरीर से निस्तारित होती है। हर व्यक्ति की आभा–तरंगें व्यक्तिगत् (Individual) होती हैं। उनका एक निश्चित प्रसारण–क्षेत्र होता है। जिस प्रकार 'विविध भारती' सुनने के लिए रेडियो को एक निश्चित तरंग–दैर्ध्य (Wave Length) पर लगना होता है, फिर उस तरंग–दैर्ध्य पर कोई दूसरा स्टेशन नहीं आता। यह एक निश्चित क्रम है। इसी तरह हर व्यक्ति की आभा की बारम्बारता (Frequency) भी एक निश्चित प्रसारण–क्षेत्र में होती है लेकिन कभी शक्तिशाली आभा के चलते कमज़ोर आभा मन्द पड़ जाती है, जिस प्रकार शक्तिशाली रेडियो–तरंग कमज़ोर तरंग को दबाकर उस पर हावी हो जाती है।

आप जिस व्यक्ति को नापसंद करते हैं, निश्चित ही उसकी आभा–तरंगें (Auric Waves) आपकी आभा–तरंगों से विपरीत प्रवृति की होंगी। जिन पति–पत्नी में प्रायः मन–मुटाव रहता है, तनाव और अनबन की स्थिति आम रहती है, वे भी निश्चित ही विपरीत आभा–तरंगों वाले होते हैं। अनुकूल आभा (AURA) वाले दम्पति निश्चित ही प्रसन्न और सुखी रहते हैं। इन दम्पति की आभाएं (AURAS) परस्पर अदल–बदल (Exchange) होती रहती हैं।

पीछे पंक्तियों में हम स्पष्ट कर चुके हैं कि सृष्टि के कण–कण में आभा (AURA) विद्यमान होती है। सभी का आभा–क्षेत्र भिन्न–भिन्न होता है। सभी की आभा एक–दूसरे को प्रभावित करती हैं।

पत्थरों (Stones) की आभा को पहचानकर ही मनुष्य इन्हें उंगलियों में धारण करता है, जिनसे मनुष्य की स्वयं की आभा का क्षेत्र विस्तारित होता है।

पेड़–पौधों से निकलने वाली आक्सीजन और कार्बन डाइआक्साइड क्या है? आभा का ही एक रूप है। अनेक पेड़–पौधे औषधि बनाने के काम आते हैं, यह भी उनकी आभा (AURA) के कारण ही संभव है। हरी सब्जियों के अभाव में क्यों हमारा चेहरा कांतिहीन हो जाता है? हम हरी सब्जियों की आभा से वंचित हो जाते हैं इसलिए। लोग पीपल और बरगद के वृक्षों की स्तुति क्यों करते हैं? क्यों उनमें श्रद्धापूर्वक दुग्ध–जल डालते हैं? ऐसा करके वे अप्रत्याशित रूप से वृक्षों की आभा का ही सेवन करते हैं। पत्थर के भगवान को क्यों पूजा जाता है? पत्थर निकलती आभा (AURA) के कारण। बेंत (Willow) के पेड़ के नीचे बैठने से सिरदर्द और तनाव खत्म हो जाता है तो उसी आभा (AURA) के कारण।

आभा (AURA) में हमारी शारीरिक, मानसिक, धार्मिक, भावनात्मक हर तरह की मनोवृत्तियां परिलक्षित होती हैं। मनुष्य के शरीर से निकले इन्द्रधनुषी रंगों से इन मनोवृत्तियों का आकलन किया जा सकता है।

मस्तिष्क में हर समय विचारों का मन्थन चलता रहता है, उसी के अनुरूप आभा (AURA) में परिवर्तन होता रहता है। अलग–अलग मनोवृत्तियों

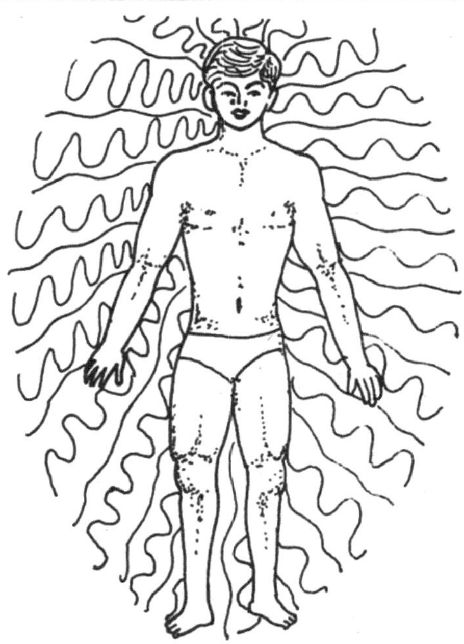

मनुष्य का शरीर ऊर्जा का भण्डार है

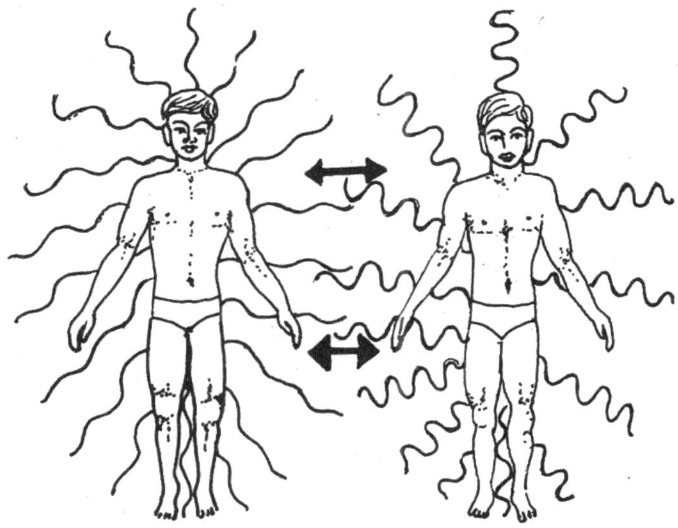

आभा की अदला-बदली

के लिए रंग आभा में अलग–अलग प्रदर्शित होते हैं, यह हम आगे के अध्यायों में पढ़ेंगे।

संक्षिप्त शब्दों में हम इतना ही कह सकते हैं कि आभा (AURA) मनुष्य की व्यक्तिगत् पहचान है। वह अपनी ।नजी आभा के विशिष्ट गुणों को नहीं त्याग सकता। वह आभा (AURA) ही है जो व्यक्ति के अस्तित्व को बनाए रखती है।

आभा : प्रभाव-क्षेत्र और अनुभव

आभा (AURA) व्यक्तित्व का आईना है। आभा के अभाव में व्यक्ति अस्तित्वहीन हो जाता है। हर चीज की कुछ न कुछ आभा तो होती ही है–ये आभा कितनी हो, कैसी हो–यह उस वस्तु के अस्तित्व पर निर्भर करता है।

आभा का नियंत्रण हमारा मस्तिष्क करता है। मस्तिष्क में उथल–पुथल होते विचारों के अनुरूप ही आभा (AURA) रूप ग्रहण करती है। हमारे पूरे शरीर पर विज्ञान ने विजय हासिल कर ली है, किन्तु मस्तिष्क अभी भी रहस्यमय बना हुआ है। विद्वान वैज्ञानिक आइन्स्टाइन का मस्तिष्क आज भी परीक्षण के दायरे में है। आखिर मस्तिष्क है कहां?

मस्तिष्क और आभा

आमतौर पर मस्तिष्क का अस्तित्व मनुष्य की खोपड़ी में माना गया है, पर सूक्ष्म रूप से क्रियारत शल्य–विज्ञान का कथन है कि मस्तिष्क एक ग्रह के रूप में है और हमारे सारे शरीर में मस्तिष्क के उपग्रह बिखरे पड़े हैं, जो एकाएक मुख्य ग्रह (मस्तिष्क) से सम्बन्ध विच्छेद हो जाने पर भी क्रियारत रहते हैं। दुर्घटनाओं में आपने देखा होगा कि मनुष्य के शरीर का कोई अंग एकाएक कटकर अलग हो जाता है। मस्तिष्क तो उसके साथ नहीं होता है, पर कटकर अलग होने वाला अंग कुछ देर तक छटपटाने

के बाद निर्जीव होता है। साधारण भाषा में इसे 'खून की गर्मी' कहते हैं, पर वास्तव में मस्तिष्क के उपग्रहों की सक्रियता के कारण अलग हो गया अंग 'उछल–कूद' करता है। इसका मुख्य कारण वह आभा (AURA) है जो कटे अंग में विद्यमान होती है।

प्राचीनकाल के युद्ध–वर्णन में अथवा यदाकदा रोमांचक समाचार के रूप में आपने पढ़ा होगा कि 'सिर कटकर गिर गया, धड़ लड़ता रहा, तलवार भी चलाता रहा' या फिर 'साइकिल–सवार का सिर किसी हादसे में कटकर गिर गया, पर शेष शरीर साइकिल चलाता रहा।' शरीर के प्रत्येक अवयव में मौजूद आभा–किरणें (Auric Rays) इस प्रकार अपना करिश्मा दिखलाती हैं।

मुख्य मस्तिष्क हमारी खोपड़ी (Skull) में स्थित रहता है, पर उसके अनेक उपग्रह (प्रतिरूप) हमारे शरीर में सर्वत्र विद्यमान रहते हैं! सौर–मण्डल (ब्रह्माण्ड) में जिस प्रकार ग्रहों, उपग्रहों का आकर्षण–विकर्षण चलता रहता है, उसी प्रकार हमारे शरीर में भी यह मुख्य ग्रह और उपग्रह अपना आकर्षण विकर्षण का करिश्मा दिखलाते रहते हैं। इसी कारण मनुष्य के शरीर को ब्रह्माण्ड मानकर हमारे पूर्वजों ने वैज्ञानिक सत्य सदियों पहले स्पष्ट कर दिया था।

हमारे मस्तिष्क का शेष शरीर से, चाहे वह किसी भी अवस्था में क्यों न हो, निरंतर सम्पर्क बना रहता है। हमारे हर अंग पर पड़ने वाले प्रभाव से मस्तिष्क प्रभावित होता है और तत्काल सम्बन्धित आदेश भी देता है। इन प्रभावों के अनुरूप ही आभा (AURA) अपना रूप धारण करती है। उदाहरणस्वरूप हमारा हाथ किसी गर्म वस्तु पर पड़ गया और हम जल गए, तो हमारा मस्तिष्क फौरन हाथ हटाने का आदेश प्रसारित करेगा। आदेश और उसका पालन इतनी तीव्र गति से होता है कि समय का हम अनुमान ही नहीं लगा सकते। यह कार्य 'समयहीन' सा लगता है। वैज्ञानिकों ने इसकी गणना कर ली है। मस्तिष्क और सम्बन्धित अंगों के बीच का यह आदान–प्रदान 'प्रकाश–गति' से होता है, अर्थात् एक सेकण्ड में 3,08,000 मील की गति से। आप इस गति की कल्पना भी नहीं कर सकते। पलक झपकने और उठने में जितना समय लगता है, वह गति उस समय की भी 10,000 वां हिस्सा है। इसी कारण हमें मस्तिष्क और शरीर के अन्य अंगों के सम्बन्ध का पता नहीं लगता।

इतना सब होने के बावजूद विज्ञान अभी तक मस्तिष्क का सम्पूर्ण रहस्य ज्ञात नहीं कर सका है। आज भी अनुसंधान चल रहे हैं। कुछ मनुष्य

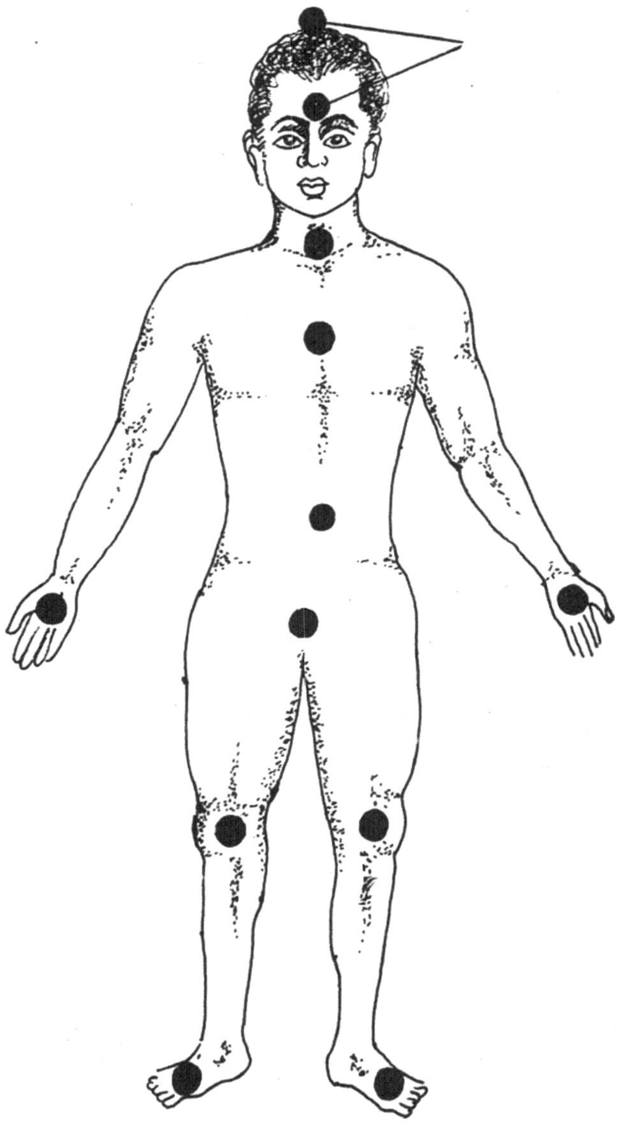

आभा का नियंत्रण सारे शरीर मे फैले मस्तिष्क के उपग्रह करते हैं

विशिष्ट मेधावी क्यों होते हैं? यह 'मेधावी' मस्तिष्क के किस विशेष 'सैल' (Cell) का अंश है। यह ज्ञान प्राप्त करने की कोशिश हो रही है।

स्वस्थ मस्तिष्क और स्वस्थ शरीर की आभा का प्रभाव–क्षेत्र भी व्यापक होता है। वैसे, एक सामान्य स्वस्थ व्यक्ति की आभा (AURA) का प्रभाव–क्षेत्र 8-10 फीट दूर तक होता है।

प्राचीन ऋषि–मुनि साधना के माध्यम से अपनी आभा का प्रभाव–क्षेत्र हज़ारों मील विस्तीर्ण बना लेते थे, पर सामान्य मनुष्य के लिए यह संभव नहीं है।

किसी भी मानव–शरीर को अगर किसी कड़ाहे में तल–भून दिया जाए (इन शब्दों के लिए क्षमा) तो क्या निकलेगा?

थोड़ा लोहा, चूना, फास्फोरस, कार्बन और जल!

सामान्य स्वास्थ्य वाला मनुष्य–शरीर बस इतना ही होता है, इसके अधिक तत्व उसमें नहीं होते हैं। हमारे वेद–शास्त्रों में मानव–शरीर पांच तत्वों का बना माना गया है। यह पांच तत्व पृथ्वी में भी हैं, इसलिए मरण के लिए कहा जाता है–पंचतत्व पंचतत्व में विलीन हो गए। अग्नि, जल, वायु, पृथ्वी और आकाश–यह पांच तत्व माने गए हैं। विज्ञान भी उक्त पांच तत्व स्वीकार करता है।

इस तरह, शारीरिक तत्वों की दृष्टि से हमारा यह शरीर कोई उपयोगी नहीं है। इसी कारण मृत मनुष्य की कोई कीमत नहीं होती है। वैसे बौद्धिक दृष्टि से सृष्टि में मनुष्य ही ज्यादा कीमती है।

इस तरह 'न' के बराबर मूल्य वाला मनुष्य ही एकमात्र ऐसा प्राणी है, जिसने संसार के सभी जड़ और चेतन संसार पर अपना अधिकार कर रखा है। वास्तव में यह हैरानी की बात है। इसका कारण मनुष्य की अपनी शारीरिक रचना है। प्रकृति ने मनुष्य की शारीरिक रचना कुछ इस प्रकार की है कि वह इस योग्य बन गया है। मनुष्य ने अपनी इसी शरीर–रचना के कारण जल, थल और नभ पर अधिकार कर रखा है।

मनुष्य–शरीर का कोई भी अंग ऐसा नहीं है, जो शल्य–विज्ञान से अविदित हो। शल्य–विज्ञान रोम–रोम का ज्ञान प्राप्त कर चुका है। निर्माण–सम्बन्धी सम्पूर्ण क्रिया विदित है, पर सबसे रहस्यमय है–शरीर का व्यवहार। मानव–शरीर की अपनी ऊष्मा और उसका प्रकीर्णीकरण (Elavation) के कारण मानव–शरीर विज्ञान की दृष्टि से दो कौड़ी से कम होते हुए भी रहस्यमय बन गया है।

मानव–शरीर की इन विचित्रताओं ने वैज्ञानिकों को आज भी चक्कर में डाल रखा है।

अमेरिका के एक रेंजर (वन अधिकारी) का विवरण 'विश्व कोष' में मिलता है कि 1942 से लेकर 1947 तक 7 बार उस पर बिजलियां गिर चुकी हैं और हर बार उसके शरीर का कोई–न–कोई अंग अवश्य क्षतिग्रस्त हुआ है, आखिर उस व्यक्ति पर ही बिजलियां क्यों गिरती हैं? दिल्ली के एक गांव समयपुर के समीप रहने वाला मालीराम हर साल होली के दिन सांप द्वारा दंशित होता है और वहीं की मिट्टी रगड़कर वह ठीक हो जाता है। अब तक उसे 22 बार सांप काट चुका है, पर वह आज तक मरा नहीं, क्या कारण है?

कुछ लोग कांच की बोतलें, गिलास और दर्जनों ब्लेड खा लेते हैं, उनका कुछ भी नहीं बिगड़ता। कुछ लोग धधकते अंगारों पर नृत्य करते हैं, तो कुछ टूटे हुए कांच के टुकड़ों पर। राजस्थान का एक नर्तक नृत्य करते–करते तेल की खौलती कड़ाही में हाथ डाल देता है, पर जलता नहीं है।

आखिर यह सब क्या है? इन मनुष्यों के शरीर में ऐसा क्या चमत्कार है?

आभा (AURA) के चमत्कारी प्रभाव–क्षेत्र का कमाल है यह। प्रखर आभा के कारण अमेरिकी रेंजर का शरीर बिजली को अपनी ओर आकर्षित करता रहा, मालीराम भी आभा भी सर्प को दंश के लिए हर बार अपनी ओर आकर्षित करती है। यह सारे चमत्कार आभा (AURA) के कारण ही संभव है।

आभा का अनुभव

मानव के शरीर में एक विशेष प्रकार की रहस्यमय चुम्बकीय–शक्ति और ऊर्जा है। वैज्ञानिकों ने अनेक प्रयोग कर इस बात का सत्यापन किया है। आभा (AURA) का अनुभव व्यक्ति जब–तब अपने जीवन में करता रहता है, किन्तु अज्ञानता के अभाव में वह इसे जान नहीं पाता।

जब हम अपने किसी प्रिय व्यक्ति का चिन्तन करते हैं तो हमारे शरीर में एक तीव्र ऊर्जा प्रवाहित होने लगती है। हमारा सम्पूर्ण शरीर झनझना उठता है मानो करंट लग गया हो, यह झनझनाहट आभा (AURA) का अनुभव है।

जब कभी हम किसी युवती के सौंदर्य की प्रशंसा करते हैं तो उसके चेहरे पर लाली छा जाती है, आंखों में एक तीव्र चमक उत्पन्न हो जाती है–यह भी आभा (AURA) का ही चमत्कार है। उस युवती से उस समय का हाल पूछा जाए तो वह यही कहेगी कि 'मेरा पूरा शरीर झनकृत–सा हो रहा है।'

कोई भी मादा किसी भी नर को अपनी ओर आकृष्ट करने के लिए इसी शक्ति (आभा) का इस्तेमाल करती है। इस प्रकार जब कोई पुरुष किसी स्त्री के बारे में कल्पना करता है, तो उसके शरीर में एक विशेष प्रकार की चुम्बकीय शक्ति पैदा हो जाती है। यह शक्ति उसकी आभा (AURA) ही तो है।

आप यदि प्रखर आभा (AURA) से सम्पन्न एक स्वस्थ व्यक्ति हैं, तो एक प्रयोग करिए : अपने से कमज़ोर व्यक्ति के सिर के निकट एक–दो मिनट तक उंगली घुमाइये फिर उससे पूछिये कि क्या उसके सिर में दर्द है? वह उत्तर 'हां' में देगा। यह सिर दर्द आपके उंगली के पोर से निकली आपकी चुम्बकीय आभा (Magnatic Aura) के कारण उत्पन्न हुआ।

प्रकृति के जड़–चेतन समस्त पदार्थ किसी–न–किसी के आकर्षण में बंधे हैं। नर मादा के आकर्षण में, मादा नर के आकर्षण में, ग्रह–नक्षत्र एक–दूसरे के आकर्षण में आबद्ध हैं। यह सब आभा (AURA) के चलते है। आभा (AURA) के कारण ही सब–कुछ नियमपूर्वक संचालित हो रहा है।

सर्प की आंखों में आभा–शक्ति (Auric Power) होती है। उसका शिकार ज्योंही उसकी आंखों में झांकता है, एक चुम्बकीय शक्ति से जस–का–तस स्थिर हो जाता है और सर्प उसे उदरस्थ कर जाता है। अजगर भी आंखों की आभा–शक्ति से अपने शिकार को निश्चल–स्थिर कर देता है, फिर उसे सटक जाता है।

खतरे को भांपते ही अनेक जीव–जन्तुओं की आंखों में विशेष चमक उत्पन्न हो जाती है। जापानवासी एक विशेष प्रकार की मछलियों को अपने घरों में पाले रखते हैं। भूकम्प आने से कई घंटे पूर्व ही ये मछलियां 'उछल–कूद' शुरू कर देती हैं, जिससे सावधान हो जापानवासी भूकम्प से बचने के लिए एहतियाती उपाय कर लेते हैं। ये मछलियां कभी गलत नहीं होतीं।

यह सब आभा (AURA) के कारण ही होता है। भूकम्प आने के पूर्व ही मछलियां का आभा–क्षेत्र संकुचित होने लगता है और प्रतिकूलता के वातावरण में वह उछलने–कूदने लगती हैं।

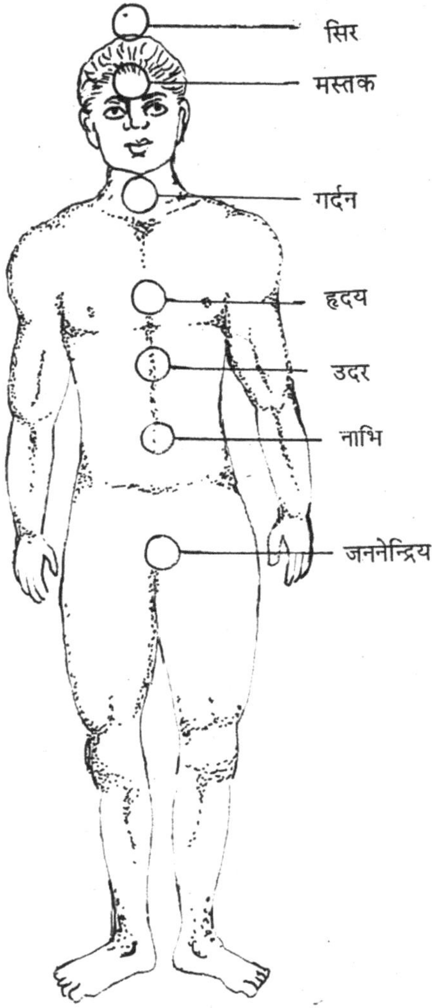

ऊर्जा-आभा के संवाहक सात चक्र

दैनिक जीवन में आभा

मनुष्य के शरीर में सात चक्र माने गए हैं, जहां से सारे शरीर के लिए आवश्यक ऊर्जा का संवहन होता है। इन चक्रों (चित्र देखें) से ही आभा का निस्तारण होता है और वह अण्डाकार रूप ग्रहण करती है।

ये चक्र शरीर के विभिन्न अंगों को नियंत्रित करते हैं। इन चक्रों से भिन्न-भिन्न रंग उत्सर्जित होते हैं, जो नीचे सारणी में दर्शाए गए हैं:

चक्र	रंग	नियंत्रित अंग
पहला	लाल	जननेन्द्रियां, गर्भाशय, अण्डाशय
दूसरा	नारंगी	प्लीहा-पेन्क्रियाज़, उदर
तीसरा	पीला	हृदय
चौथा	हरा	गला, थायराइड ग्रन्थि
पांचवां	नीला	मस्तिष्क
छठा	गहरा नीला	तीसरा नेत्र (मानसिक शक्तियां), पिनरल (Pineral) ग्रन्थि
सातवां	बैंगनी	सिर, पिट्यूटरी (Pituitary) ग्रन्थि

इन चक्र और रंगों के प्रभाव के बारे में हम आगे के अध्यायों में विस्तार से चर्चा करेंगे। अभी हम दैनिक जीवन में आभा के प्रयोग देखेंगे।

किसी आराम कुर्सी पर बैठ जाएं और कुछ देर गहरी-गहरी सांसें लें, फिर अपनी दोनों हथेलियों को आपस में रगड़ें।

एक मिनट तक रगड़ने के बाद शान्त बैठ जाएं। दो मिनट बाद पुनः हथेलियों को रगड़े और दोनों हथेलियों के बीच दो इंच की दूरी रखें। इस दौरान आपको ऐसा अनुभव होगा, मानो दोनों हथेलियों के बीच एक दबाव-सा उत्पन्न हो गया है। वास्तव में हथेलियों के घर्षण से उनमें एक प्रकार की चुम्बकीय शक्ति उत्पन्न हो जाती है जो दोनों हथेलियों के बीच सूक्ष्म तरंगों के रूप में मौजूद होती है।

यही आपकी आभा (AURA) है जो हथेलियों के घर्षण से उत्पन्न होकर एक दबाव-सा बना देती है। घर्षण से आपकी हथेलियों का तापमान भी बेहद बढ़ जाता है यह भी आभा के कारण ही होता है।

पत्थरों में छिपी आभा को नंगी आंखों से देखना अत्यन्त सरल है।

दो पत्थरों को आपस में रगड़ें। आपको चिन्गारी निकलती दिखाई

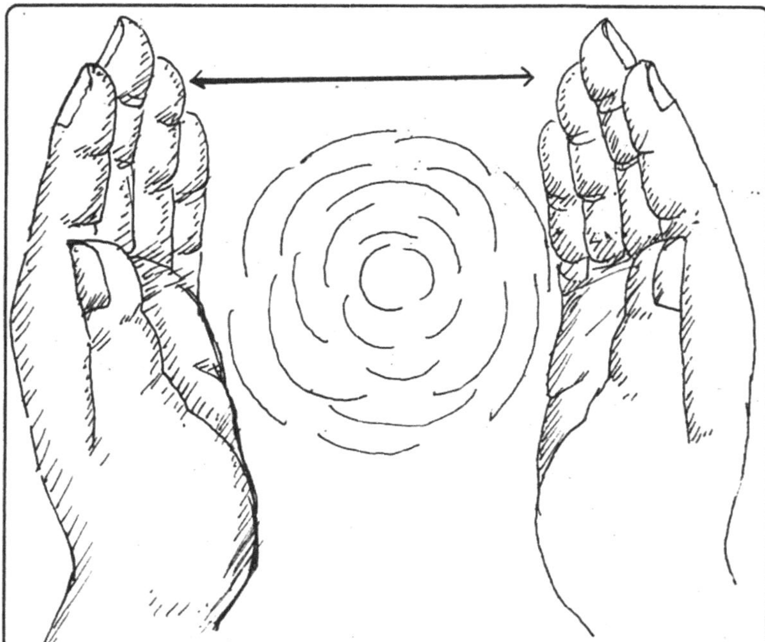

घर्षण से हथेलियों के बीच चुम्बकीय शक्ति

देगी–यह पत्थरों की आभा (AURA) होती है।

नाइलोन की निवार वाले पलंग पर टेरीकोट का कोई भी कपड़ा रख दें, फिर निवार को किसी सूती (Cotton) कपड़े से एक–डेढ़ मिनट तक तेजी से रगड़ें, अब फौरन टेरीकोट के कपड़े को छुएं। आपके एक तेज झटका (Current) लगेगा–बिजली के झटके की तरह। यह भी आभा (AURA) का ही चमत्कार है।

कई व्यक्तियों के शरीर पर तेज विद्युत करंट लगने पर भी कोई प्रभाव नहीं होता, क्योंकि उनकी तीव्र आभा (AURA) के सामने विद्युत करंट क्षीण पड़ जाता है।

अपनी हथेलियों को पुनः तेजी से रगड़िये फिर एक हथेली को फौरन ही अपनी कलाई के निकट ले जाइये। आप देखेंगे कि आपके बाल खड़े हो जाते हैं और कलाई की त्वचा में भी तनाव–सा उत्पन्न हो जाता है। यह भी आभा (AURA) का साकार रूप है।

इस प्रकार आभा (AURA) चुम्बकीय शक्ति के रूप में कार्य करती

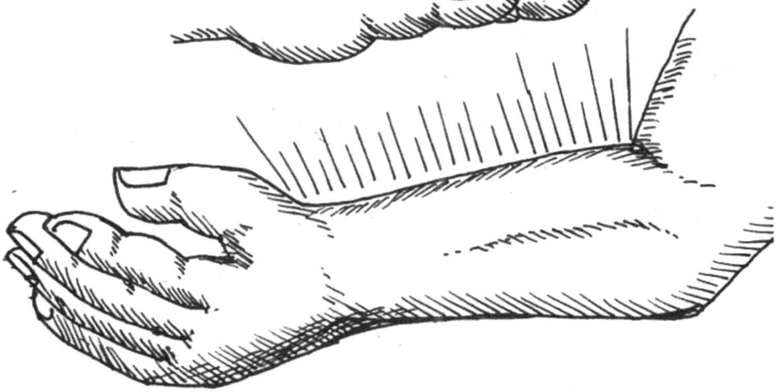

आभा-शक्ति से कलाई की त्वचा व बालों में तनाव

है। प्रत्येक व्यक्ति में यह चुम्बकीय शक्ति होती है। जिस व्यक्ति में यह चुम्बकीय शक्ति ज्यादा होती है, वह दूसरों को प्रभावित करने की ज्यादा क्षमता अपने आप में अनुभव करता है। इसके विपरीत जिस व्यक्ति के व्यक्तित्व में कम आकर्षण होगा, कम चुम्बकत्व होगा, वह अपेक्षाकृत दूसरों को कम प्रभावित करेगा। उदाहरण के लिए : बड़ा चुम्बक लोहे के छोटे टुकड़े को अपनी ओर खींच लेता है, लेकिन अगर लोहे का टुकड़ा बड़ा हो, तो चुम्बक को लोहे की ओर खिंचना पड़ता है।

आभा और रंग-संयोजन

रंगों का हमारे जीवन में बहुत महत्त्व है। बिना रंगों के ज़िन्दगी फीक़ी–फीकी, बेनूर–सी लगती है। रंगों से जुड़े अनेक मुहावरे भी आम बोल–चाल की भाषा में बहुत लोकप्रिय हैं, यथा :

रंग पीला पड़ जाना, रंग उड़ जाना, चेहरा लाल होना, चेहरा सफेद पड़ जाना, तबियत हरी होना, खून सफेद पड़ जाना, बदन नीला पड़ जाना इत्यादि। यदि बोल–चाल की भाषा से इन मुहावरों को हटा दिया जाए, तो भाषा का रंग ही उड़ जाएगा। भाषा की शोभा हैं ये रंग–बिरंगे मुहावरे।

रंगों के महत्त्व का वर्णन हमारे धार्मिक ग्रंथ–वेद, पुराण, उपनिषद् आदि में प्रचुरता से मिलता है। 'मत्स्य पुराण' में लोक–कल्याणकारी नौ ग्रहों के रंगों का वर्णन करते हुए बताया गया है कि :

सूर्य–पद्मासन पर विराजमान, पद्मों को विकसित करने वाला, सात अश्वों, सात लगामों और दो भुजाओं वाला सुनहरा तेजपुंज है।

चन्द्र–श्वेत वर्ण वाला, श्वेत वस्त्रधारी, श्वेत अश्व तथा श्वेत रथ वाला सौम्य प्रभापुंज।

मंगल–रक्त वस्त्र, रक्त पुष्पों की माला से युक्त।

बुध–पीत (पीले) वस्त्र तथा पीत पुष्पों की माला धारण करने वाला।

वृहस्पति–पीत वस्त्रधारी।

शुक्र–श्वेत वस्त्रधारी।

शनि–नीलमणि की द्युतिवाला।

राहु–नील सिंहासन पर विराजमान।

केतु–धुमिल वर्ण।

रंगों के महत्त्व को रेखांकित करते हुए 'मत्स्य पुराण' में आगे लिखा है कि सभी ग्रहों को उनके वर्ण (Colour) के अनुरूप ही वस्त्र तथा पुष्प समर्पित करने चाहिए, इससे अपेक्षित लाभ मिलता है।

वृहस्पति ग्रह की अनुकूलता के लिए 'मत्स्य पुराण' में पीले वस्त्र की महिमा कुछ इस प्रकार वर्णित है :

पीतवस्त्र युगं यस्माद वासुदेवस्य वल्लभम्।
प्रदानात्तस्य मे विष्णो हि अतः शान्तिं प्रयच्छ मे॥

हे पीत वस्त्र! आप भगवान् श्री विष्णु नारायण और उनके सभी राम–कृष्णादि अवतारी विग्रहों को अत्यन्त प्रिय हैं। आपका (पीत वस्त्र का) दान करने से श्री विष्णु नारायण मुझ पर प्रसन्न हों–यही मेरा निवेदन है।

रंगों का दर्शन प्रकाश में संभव है। अंधकार सभी रंगों का भक्षण कर लेता है। वस्तुतः रंगों की उत्पत्ति प्रकाश से ही होती है। जिस तरह सूर्य के प्रकाश में इन्द्रधनुषी रंग छिपे हुए हैं, उसी प्रकार मनुष्य की आभा (AURA) भी सतरंगी रंग अपने में समेटे है। प्रिज्म की सहायता से सूर्य के प्रकाश के सात रंगों की पट्टी (Spectrum) देखी जा सकती है, लेकिन हमारे अन्दर के प्रकाश को देखने के लिए हमें अभ्यास और धैर्य की आवश्यकता होती है।

आभा के रंगों से हमारे शरीर की समस्त मानसिक व शारीरिक भावनाओं का ज्ञान हो सकता है। दूसरे शब्दों में यह कहा जा सकता है कि आभा वह आईना है, जिसमें हमारी शारीरिक व मानसिक शक्तियों का सूक्षम अवलोकन संभव है।

आभा (AURA) से व्यक्ति के स्वास्थ्य का ज्ञान हो सकता है, व्यक्ति की बीमारियों का कारण और निवारण संभव है। मस्तिष्क में चलती उथल–पुथल, प्रेम, घृणा, ईर्ष्या, धर्म, अध्यात्म, दुःख, सुख सभी तरह की भावनाओं का दर्पण है आपकी आभा।

प्रत्येक रंग अलग–अलग तरह की मनोदशाओं का प्रकटीकरण करता है। अगर आपकी आभा (AURA) में भूरे (Gray) रंग की चौड़ी पट्टी दिखाई पड़े, तो यह भय–ग्रस्तता, कम ऊर्जा और अवसाद (Depression) का सूचक है। कत्थई (Brown) रंग लालच और स्वार्थ का द्योतक है। वहीं गुलाबी (Pink) रंग निःस्वार्थ प्रेम, सहृदयता, शर्मीलेपन और नरमी का प्रतीक है।

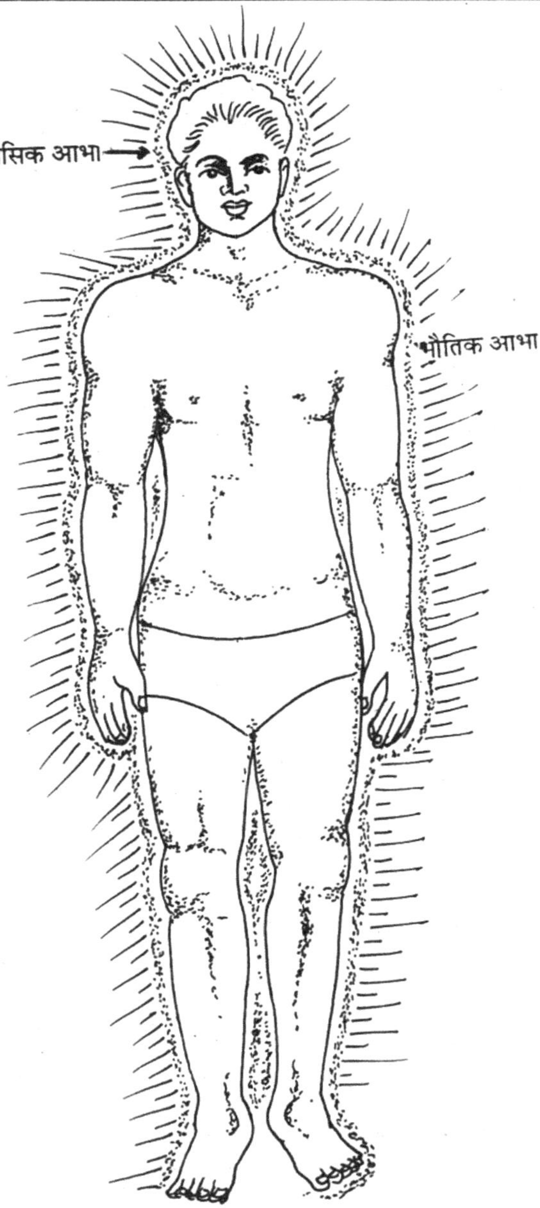

भौतिक (Etheric) व मानसिक (Astral) आभा

आभा (AURA) के विभिन्न रंग विभिन्न भावनाओं को दर्शाते हैं। आभा के रंगों का विश्लेषण करते समय निम्न बातों का ध्यान रखें :

(*i*) मनुष्य के शरीर से दो तरह की आभा (AURAS) निकलती हैं– भौतिक आभा (Etheric Aura) तथा मानसिक आभा (Astral Aura)। शरीर से चिपकी हुई रंगों की पट्टी भौतिक आभा है जो शरीर की बाह्य दशा, भौतिक स्थिति, ऊर्जा व स्वास्थ्य आदि के बारे में दर्शाती है। इसका ऊपरी रंग–आवरण (चित्र देखें), मानसिक आभा को दर्शाता है जो मस्तिष्कीय दशा आन्तरिक मनोभावनाओं को प्रतिबिम्बित करता है।

(*ii*) गहरे रंगों का कभी–कभी ग़लत अर्थ निकाल लिया जाता है, किन्तु हर बार ऐसा होता नहीं है अतः कोई भी निर्णय लेने में सावधानी बरतें। यदि गहरे रंग चमकीले हों तो वे हमेशा नकारात्मक नहीं होंगे। यह रंग उच्च ऊर्जा के द्योतक हो सकते हैं।

(*iii*) इस बात का सदैव ध्यान रखें कि जब आप किसी दूसरे व्यक्ति की आभा देखेंगे तो उसे अपनी आभा (AURA) से देखेंगे। अब यदि किसी दूसरे व्यक्ति की आभा नीली है और आपकी पीली तो उस व्यक्ति की आभा आपको हरी दिखाई देगी, क्योंकि आपकी पीली उसकी नीली आभा मिलकर हरे रंग में परिवर्तित हो जाती है। इस बात का सदैव ध्यान रखें। इसी के अनुसार निर्णय निकालें।

(*iv*) साफ और स्वच्छ रंग अच्छे माने गए हैं। मोटे, भद्दे और बेतरतीब रंग मानसिक व शारीरिक असंतुलन को दर्शाते हैं।

(*v*) एक समय में एक रंग अथवा अनेक रंगों की आभा (AURA) दिखाई दे सकती हैं। मानसिक व शारीरिक·दशाओं के अनुसार वर्ण (Colour) क्रम बदलता रहता है।

आभा के रंग

रंग मनुष्य का निर्माण भी कर सकते हैं और विनाश भी। चिकित्सा जगत में रंगों का बहुत महत्त्व है। बच्चों के लाल तेल की मालिश करने से उनकी हड्डियां मजबूत होती हैं, शरीर को ताक़त मिलती है। सूर्य की रोशनी में छिपे रंगों से हमें विटामिन 'डी' प्राप्त होता है जो हमारी हड्डियों के लिए परमावश्यक है।

सरसों के तेल को लाल रंग की शीशी में एक महीने के लिए धूप में रख दें। अब इस तेल की मालिश करें। आपके शरीर में नई शक्ति

का संचार होगा। इस तेल से दाद, खाज, खुजली का उपचार संभव है। इस तेल की मालिश से पक्षाघात के रोगी भी ठीक हो सकते हैं। यह प्रभाव है सूर्य में छिपे रंगों की शक्ति का।

हमारी आभा में भी अनेक रंग होते हैं इनमें इन्द्रधनुषी सात रंग प्रधान हैं। ये रंग शरीर के विभिन्न मनोभावों को दर्शाते हैं। आइये इनका अध्ययन करें।

1. लाल रंग

लाल रंग मनुष्य की जननेन्द्रिय पर केन्द्रित रहता है। यह प्रबल ऊर्जा, क्रोध, प्रेम, घृणा, वासना, इच्छा–शक्ति, महत्वाकांक्षा और अप्रत्याशित उतार–चढ़ाव का सूचक है। इस रंग वाली आभा के व्यक्ति शिखर पुरुष होते हैं। इनकी योग्यता और क्षमताओं पर सरलता से विश्वास करना कठिन हो जाता है। ये कुछ भी कर सकते हैं।

अत्यधिक गहरा लाल अथवा मटमैला रंग व्यक्ति के मानसिक असंतुलन की ओर संकेत करता है। ऐसे व्यक्ति शीघ्र ही उत्तेजित हो जाने वाले, क्रोधी और आतंकी स्वभाव के होते हैं।

2. नारंगी रंग

यह रंग मनुष्य के उदर (Stomach) तथा तिल्ली (Spleen) अथवा प्लीहा पर केन्द्रित रहता है। यह रंग शक्ति, स्वास्थ्य, शारीरिक बल, रचनात्मकता और भावनाओं का दर्पण है। यह रंग व्यक्ति के साहस, जागरूकता, उमंग और सामाजिकता को भी दर्शाता है।

रंग का भद्दापन अथवा छाया व्यक्ति के भावनात्मक असंतुलन का परिचायक है, साथ ही यह बौद्धिक अक्षमताओं को भी प्रकट करता है।

3. पीला रंग

यह रंग हृदय क्षेत्र में अवस्थित रहता है। ऐसे रंग वाले व्यक्ति आशावादी होते हैं। दया, प्रेम और करुणा उनमें कूट–कूट कर भरी होती है। ऐसे व्यक्ति बुद्धिमान होते हैं। धार्मिक व आध्यात्मिक भावना के वे धनी होते हैं। नित्य नये प्रयोग और नये विचारों को जन्म देना इनकी प्रवृत्ति होती है।

इस रंग में गहरी और मटमैली छाया अत्यधिक चिन्तन और विश्लेषण

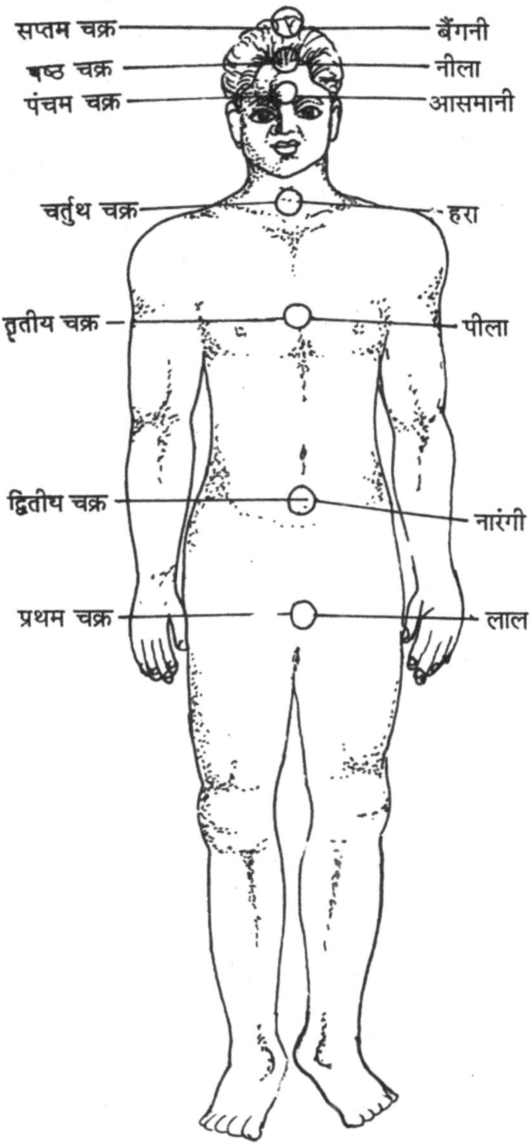

आभा-चक्र के रंग और केन्द्र-बिन्दु

की द्योतक होती है, साथ ही ऐसे लोग सिद्धान्तवादी होते हैं। उन्हें एकान्तवास प्रिय होता है।

4. हरा रंग

यह रंग गर्दन और थायराइड (Thyroid) ग्रन्थिक्षेत्र में स्थित होता है। यह रंग व्यक्ति के खुले–विचारों का द्योतक है। ऐसा व्यक्ति शक्तिशाली, भरोसेमन्द, संतुलित और मैत्रीभाव से युक्त होता है। एकता, शान्ति और सरलता के गुण उनमें विशेष होते हैं।

मटमैला और छायायुक्त हरा रंग व्यक्ति की अनिश्चितता को प्रकट करता है। ऐसे व्यक्ति ईर्ष्या–द्वेष और अधिकार की भावना के ग्रसित होते हैं।

5. नीला रंग

यह रंग मनुष्य के मस्तिष्क में अवस्थित रहता है। इस रंगवाली आभा (AURA) से युक्त व्यक्ति कुशल–मस्तिष्क, बौद्धिक क्षमताओं और तार्किक विचारधारा के धनी होते हैं। ऐसे व्यक्ति गम्भीर, समर्पित और भरोसेमंद होते हैं। ये व्यक्ति एकान्तप्रिय होते हैं। इनकी मानसिक शक्ति अति प्रबल होती है।

चमकीला–स्वच्छ नीला रंग व्यक्ति में दैवीय गुणों की ओर संकेत करता है।ऐसे व्यक्ति ईमानदार, न्यायप्रिय और अध्यात्म की भावना से ओतप्रोत होते हैं।

भद्दा व मटमैला नीला रंग इसके विपरीत उतावलेपन, चिन्ता, भयग्रस्तता, घमण्ड और क्षीण–स्मृति का सूचक है। ऐसे व्यक्ति अत्यधिक आत्मविश्वास से हानि उठाते हैं और प्रत्येक व्यक्ति को संदेह की नज़रों से देखते हैं।

6. गहरा नीला (Indigo) रंग

यह रंग मस्तक (Forehead) अथवा पिनरल (Pineral) ग्रन्थि पर आच्छादित रहता है। यह रंग व्यक्ति की स्वच्छंदता का द्योतक है। ऐसे व्यक्ति स्वतंत्र जीवन पसंद करते हैं। यह व्यक्ति अध्ययनशील और ज्ञान का भण्डार होते हैं। ऐसे व्यक्ति कलाकार, एकताप्रिय और प्रकृति प्रेमी होते हैं। ये व्यक्ति स्वप्नदृष्टा और अच्छे आविष्कर्ता भी होते हैं।

7. बैंगनी रंग

यह रंग सिर अथवा पिट्यूटरी (pituitary) ग्रन्थि में स्थित होता है। ऐसे व्यक्ति धार्मिक व आध्यात्मिक भावनाओं से ओतप्रोत होते हैं। इनका व्यक्तित्व बड़ा रहस्यमय होता है। चुम्बकीय आकर्षण से सम्पन्न में व्यक्ति प्रबल इच्छा–शक्ति के धनी होते हैं। ये व्यक्ति धार्मिक–नेतृत्व प्रिय होते हैं। एक बड़ा जनसमूह इनका अनुयायी होता है।

आभा के अन्य रंग

उपर्युक्त सात इन्द्रधनुषी रंगों के अलावा भी आभा में अनेक रंग होते हैं, जो व्यक्ति की विभिन्न मनोदशाओं को प्रकट करते हैं। अब हम उन अन्य रंगों के बारे में चर्चा करेंगे। इन रंगों के प्रकटीकरण के कोई निश्चित बिन्दु नहीं हैं, वरन् भौतिक व मानसिक परिवर्तन के कारण ये जब–तब नज़र आ जाया करते हैं।

श्वेत रंग

आभा में श्वेत रंग प्रायः देखने को मिलता है। श्वेत रंग का तात्पर्य है–वह अनेक रंग स्वयं में समेटे है। सूर्य की सफेद रोशनी में भी सतरंगी इन्द्रधनुष छिपा होता है, प्रिज्म से गुज़ारने पर सफेद प्रकाश को हम इन्द्रधनुषी रूप में देख सकते हैं।

सर्वप्रथम जब व्यक्ति आभा देखने का अभ्यास करता है तो उसे श्वेत रंग ही दिखाई देता है। क्रमिक अभ्यास से वह अनेक रंग देखने योग्य हो जाता है। अतः पहले भली–भांति यह देखें कि श्वेत रंग आपकी अपरिपक्वता के कारण तो नज़र नहीं आ रहा? यदि नहीं, तो ऐसे व्यक्ति विश्वसनीय और सादगी पसंद होते हैं। शान्तिपर्वूक जीवनयापन करना ऐसे व्यक्तियों का परम् उद्देश्य होता है।

कृष्ण (Black) रंग

कई लोग मानते हैं कि काला रंग भयानक बीमारी अथवा मृत्यु का सूचक है। यह बात भले ही पूर्णतः सत्य न हो, किन्तु इतना तो तय है कि इस रंग वाली आभा के व्यक्ति पापी, दुष्ट, द्वेष–द्रोहपूर्ण होते हैं।

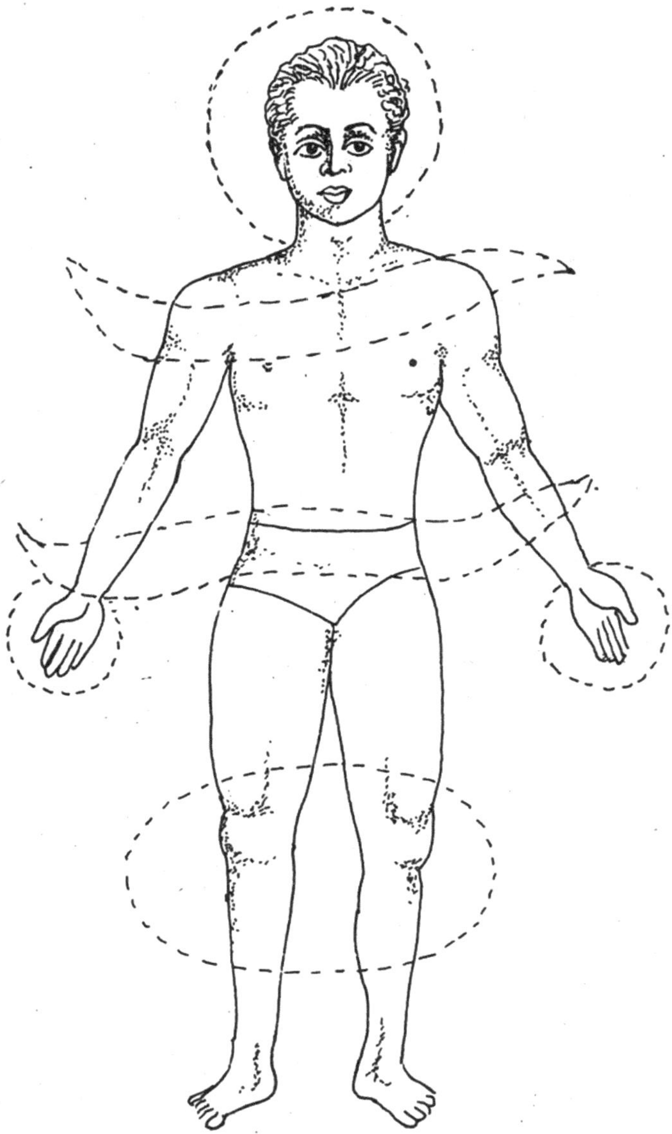

विभिन्न रूपों में प्रकट होती आभा

ऐसे व्यक्ति शारीरिक व मानसिक रूप से असंतुलित, प्रभावहीन होते हैं। ये व्यक्ति व्यसनी होते हैं। धूम्रपान, मदिरा व अन्य मादक पदार्थों का सेवन ये धड़ल्ले से करते हैं।

कत्थई (Brown) रंग

ऐसे लोग लालची और स्वार्थी होते हैं। कत्थई रंग वाली आभायुक्त व्यक्ति बहुधा अशक्त और असंतुलित होते है; तथापि ये उद्योग–धंधों में अग्रणी होते हैं।

कत्थई रंग के बारे में ठीक–ठीक बता पाना अत्यन्त कठिन है। इस पर अभी काफी शोध की आवश्यकता है, किन्तु इतना तो निश्चित है कि यह एक समस्याप्रधान रंग है।

गुलाबी (Pink) रंग

गुलाबी रंग की आभा से युक्त व्यक्ति निःस्वार्थ प्रेमी, सहृदयी, शर्मीले और नरम होते है। ऐसे व्यक्ति सौन्दर्य प्रेमी, शान्त, ममता और करुणा से ओत–प्रोत होते हैं। उत्साह, उमंग और साहचर्य की भावना इनमें कूट–कूट कर भरी होती है। ये व्यक्ति नई विचारधारा और नये दृष्टिकोणों के समर्थक होते हैं।

भूरा (Gray) रंग

यह रंग अच्छा नहीं माना गया है। भूरे रंग की आभा (AURA) से युक्त व्यक्ति भय व अवसादग्रस्त तथा क्षीणशक्ति होते हैं। ऐसे व्यक्ति दायित्व–पूर्ण कार्य नहीं कर सकते। ये लोग चुगलखोर होते हैं।

सुनहरा (Golden) रंग

सुनहरे रंग की आभा से युक्त व्यक्ति स्वर्ण की तरह खरे होते हैं। ऐसे व्यक्ति सद्‌गुण सम्पन्न होते हैं। बुराई इनके पास फटकती तक नहीं है। ये व्यक्ति उच्च पदासीन होते हैं। धर्मभीरुता और नैतिकता के ये पुजारी होते हैं।

इस आभा से युक्त व्यक्ति प्रेरणा के स्रोत होते हैं। जोश इनका नैसर्गिक गुण होता है। वस्तुतः इनका जीवन सोने–सा सुनहरा होता है–बेदाग़ !

रजत (Silver) रंग

रजत रंग की आभायुक्त व्यक्ति उच्च शक्ति–सम्पन्न होते हैं। ऐसे व्यक्ति बहुप्रतिभाशाली होते हैं। रचनात्मकता की ऐसे लोगों में कमी नहीं होती। गर्भवती महिलाओं एवं हाल ही में गर्भ से निवृत महिलाओं में रजत–आभा देखने में बहुधा आती है। ऐसा उनके शरीर में विद्यमान एक नई आत्मा अथवा रचनात्मक क्षमता के कारण होता है।

जब आप आभा के रंगों को देखने में सक्षम हो जाएंगे तो सरलता से उनका वर्गीकरण कर सकेंगे। फिर सृष्टि के कण–कण में छिपी आभा को आप सरलता से देख सकेंगे और यह दुनिया आपके लिए इन्द्रधनुषी हो जायेगी।

आभा को कैसे देखें

आभा (AURA) मनुष्य के शरीर से निकलने वाला वह प्रकाश आवरण है, जिसमें उसके सम्पूर्ण व्यक्तित्व की झलक मिलती है। व्यक्ति की आभा व्यक्तिगत होती है। जिस प्रकार हर व्यक्ति की शक्लसूरत, शारीरिक बनावट, उसका भाग्य उसकी व्यक्तिगत पहचान होते हैं, उसी प्रकार किन्हीं दो व्यक्तियों की आभा (AURA) एक समान नहीं हो सकतीं। आभा व्यक्ति स्वयं बना सकता है, बिगाड़ सकता है। जिस प्रकार सद्कार्यों से पुण्य प्राप्त होता है, उसी प्रकार उत्तम स्वास्थ्य, उच्च मनोवृत्तियों और इच्छाशक्ति से उच्च किस्म की आभा (AURA) का निर्माण संभव है। प्रश्न यह उठता है कि आभा (AURA) क्यों बनाई जाए?

आभा आपके व्यक्तित्व में एक चुम्बकीय आकर्षण का निर्माण करती है। आभा से सम्पन्न व्यक्ति जीवन के हर क्षेत्र में उन्नति करते हैं। सफलता बरबस ही उनके कदम चूमने लगती है। असफलता नाम का शब्द उनके शब्दकोष से मिट जाता है। आभा का निर्माण कैसे किया जाए, इस बारे में हम अगले अध्याय में चर्चा करेंगे। यहां हम यह बताने जा रहे हैं कि आभा को कैसे देखा जाए।

मनुष्य के शरीर से दो तरह की आभाएं (AURAS) प्रतिबिम्बित होती हैं (1) भौतिक (etheric) आभा तथा (2) मानसिक (astral) आभा (चित्र पिछले अध्याय में देखें)।

भौतिक आभा को देखना अपेक्षाकृत अधिक आसान है। इसे कोई

भी व्यक्ति थोड़े–से अभ्यास के पश्चात् सरलता से देख सकता है। इसके विपरीत मानसिक आभा देखने के लिए व्यक्ति को अधिक अभ्यास करना पड़ता है।

भौतिक (etheric) आभा शरीर के निकट एक प्रकाश आवरण के रूप में होती है। यह आवरण प्रायः चमकदार होता है जबकि मानसिक (astral) आभा शरीर से थोड़ी दूर, भौतिक आभा के समानान्तर होती है। यह आभा–आवरण फैला–फैला होता है। कभी–कभी दोनों आवरण एक–दूसरे में गुंथे हुए से भी दिखाई पड़ते हैं, अतः कोई भी विश्लेषण करने में अत्यन्त सावधानी बरतने की आवश्यकता है।

आभा (AURA) दो विधियों से देखी जा सकती है– (1) मानसिक विधि से (2) भौतिक विधि से। मानम्पिक विधि से आभा को देखने के लिए व्यक्ति को अपने मानसिक नेत्र (Third Eye) खोलने होंगे। व्यक्ति को अपनी मानसिक शक्ति इतनी तीव्र करनी होगी कि बन्द नेत्रों से ही वह किसी भी व्यक्ति की आभा का दर्शन कर सके। इसके लिए व्यक्ति को कठोर अभ्यास की आवश्यकता है।

भौतिक विधि से आभा (AURA) को देखने के लिए अपने नेत्रों को खुला रखना होता है और कुछ अभ्यास के बाद आभा को देखा जा सकता है।

आभा और प्रकाश

प्रकाश मानव मात्र के लिए ही नहीं, वरन् अन्य जीव जन्तुओं और वनस्पति के लिए भी परम आवश्यक है। प्रकाश के बिना जीवन दूभर हो जाएगा और तब प्रकृति का रूप कुछ और ही होगा। प्रकाश इस सृष्टि की आवश्यकता है और अत्यन्त ही रहस्यपूर्ण दशा से प्रकृति ने इसकी व्यवस्था भी है। कम–से–कम पृथ्वी पर प्रकाश–व्यवस्था प्रकृति का अद्भुत चमत्कार है। पृथ्वी द्वारा सूर्य की परिक्रमा करना और निश्चित समय पर एक भाग का सूर्य का प्रकाश पाना और दूसरे भाग का चन्द्रमा का प्रकाश पाना, क्या एक महान चमत्कार नहीं है? सूर्य–प्रकाश के समय को दिन की संज्ञा दी गई है। अत्यन्त तेजस्वी प्रकाश में मनुष्य सबकुछ देख सकता है, इस कारण यह समय दिन का मानकर मनुष्य के कार्य के लिए समर्पित कर दिया गया। अगला भाग कम प्रकाश पाने के कारण या सूर्य के न रहने के कारण 'रात' का माना गया है। यह मनुष्य मे विश्राम का समय है। दिन और रात की व्यवस्था सूर्य–चन्द्र के प्रकाश के अनुसार की गई

है। सूर्य और चन्द्र के प्रकाश से यह सम्पूर्ण सृष्टि प्रभावित है। सूर्य प्रकाश का पुंज है। सूर्य के प्रकाश से ही मनुष्य का शरीर 'आभावान' है।

जीव के पास नेत्र हैं, देखने के लिए।

नेत्रों के द्वारा जीव देखता है और समझता है, पर देखने का माध्यम क्या है–प्रकाश।

आप अन्धकार में नहीं देख सकते। प्रकाश आवश्यक है। अन्धकार होने पर प्रकाश भी व्यवस्था कर आदमी अन्धकार में भी देख सकता है।

प्रकाश महत्त्वपूर्ण है।

प्रकाश जीव जगत् ही नहीं, जड़ जगत् और वनस्पति जगत् का भी पोषक है। प्रकाश के अभाव में इनका भी कोई महत्त्व नहीं रह जाता।

प्राकृतिक व्यवस्था के द्वारा सूर्य और चन्द्र का प्रकाश उपलब्ध है। फिर मनुष्य ने भी अनेक प्रकार के कृत्रिम प्रकाश की व्यवस्था कर ली है। प्रकाश का महत्त्व अविदित नहीं है। प्रकाश बिना जीवन असंभव है। इसी कारण भारतीय दर्शन में सूर्य को प्रकाश का देवता माना गया है और उसे पूजने का निर्देश दिया गया है। सूर्य देवता के रूप में संसार के अनेक देशों में पूज्यनीय है। प्रत्येक साधना, आराधना, उपासना में सूर्य या प्रकाश का अपना विशेष महत्त्व है।

आभा (AURA) में भी सूर्य के प्रकाश का अपना स्थान है। आभा (AURA) का प्रकाश से गहरा सम्बन्ध है। सूर्य की भूमिका यहां भी महत्त्वपूर्ण है। प्रकाश के अनेक प्रकार के उपयोगों में एक आभा (AURA) भी है। वैसे, प्रकाश–भ्रम (Light Illusion) उत्पन्न कर अनेक प्रकार के चमत्कारी, जादुई खेलों का प्रदर्शन भी किया जाता है। 'काला जादू' (Black Magic) का सम्पूर्ण आधार प्रकाश–व्यवस्था है, जादूगर मंच पर अंधकार फैला लेता है और हाथ के इशारे करता है, तो एक के बाद एक अनेक प्रकार की वस्तुएं अदृश्य से दृश्य होने लगती हैं। उन्हें अचानक प्रकट कर जादूगर दर्शकों को चमत्कृत कर डालता है। वास्तविकता यह होती है कि काले आवरण में यह सब छिपी रहती हैं। इन पर प्रकाश की विशेष संतुलित व्यवस्था रहती है और प्रकाश पड़ते ही यह स्पष्ट हो जाया करती हैं। रेगिस्तान में प्रकाश–रेत–छाया का मिश्रण कैसे पानी का भ्रम उत्पन्न करता है, यह तो सर्वविदित है।

इस कार्यक्रम को 'प्रकाश–भ्रम' की संज्ञा दी गई है। इसी प्रकाश–भ्रम को उत्पन्न कर जादूगर मंच पर बिजली की ओर से लड़की के शरीर

के दो टुकड़े कर डालता है। यहां तक की वह अपना सिर काटकर अलग कर देता है और धड़ को अलग। उसका सिर बात करता है और हंसता है। यह प्रकाश–भ्रम से उत्पन्न होता है। जादू के अधिकांश खेल प्रकांश–भ्रम पर आधारित हैं। प्रकाश का आभा (AURA) से भी इसी प्रकार का बहुत महत्त्वपूर्ण सम्बन्ध है। आप इस तथ्य को भली–भांति समझ लें।

प्रकाश क्या है?

प्रकाश एक ऊर्जा है।

प्रकाश की उत्पत्ति ऊर्जा से होती है।

आग जला दें, उससे प्रकाश उत्पन्न होगा। सूर्य की किरणें एक बिन्दु पर एकत्रित करें–आतिशी शीशे के माध्यम से, अग्नि उत्पन्न होगी।

प्रत्येक ऊर्जा का–साधना, आराधना में अपना महत्त्व होता है। प्रकाश भी एक ऊर्जा होने के कारण अपना अलग ही महत्त्व रखता है।

प्रकाश वास्तव में अद्‍भुत ऊर्जा है। इसकी गति की कम आश्चर्यजनक नहीं है। इस गति को आज तक कोई वाहन (Vehicle) प्राप्त नहीं कर सका है। जिस दिन ऐसा हो जाएगा, उस दिन यह संसार पूर्ण रूप से कायाकल्प को प्राप्त हो जाएगा। प्रकाश एक सेकण्ड में 1,86,282 मील चलता है। इससे ही आप कल्पना कर सकते हैं कि यह क्या है। मनुष्य ने अपनी चेतना के साथ ही अनुसंधान शुरू कर दिया था। गिनती का आविष्कार तो कर लिया पर जब ब्राह्मण्ड की दूरी नापना शुरू की तो गिनती असमर्थ हो गई। अरब, खरब, मील, पदम, शंख के बाद क्या हो? तब प्रकाश गणना का सहारा लिया गया। अमुक ग्रह हमारी पृथ्वी से कितनी दूर है–डेढ़ प्रकाश वर्ष। अब जोड़ लीजिये आप। इस प्रकार एक प्रकाश वर्ष 58.8 करोड़ मील का है। इससे ब्रह्माण की दूरी नापना संभव हो गया है।

विज्ञान भले ही आधुनिक समय से इसका आविष्कार माने, पर भारतीय ग्रन्थों में इसका विवरण हज़ारों वर्ष पहले दिया जा चुका है। कहा गया है कि ब्रह्मा का एक दिन सम्पूर्ण सृष्टि का एक जीवन–काल है और एक रात्रि सम्पूर्ण सृष्टि का विनाशकाल है। ब्रह्मा का एक दिन कितने समय का है, वह इस प्रकार बताया गया है:

सूर्य की कोई किरण जब किसी अंधेरे कमरे में एक लम्बी लकीर (Line) के रूप में प्रविष्ट होती है तो उसमें धूलिकण दीखते हैं। इस प्रकार के धूलिकणों की गणना से गिनती शुरू होती है :

3	धूलिकण	=	एक काण्ठा
12	काण्ठा	=	एक निमिष
12	निमिष	=	एक पल
12	पल	=	एक घटिका
12	घटिका	=	एक क्षण

इस प्रकार एक मन्वन्तर में 13 लाख 66 हज़ार वर्ष माने गए हैं। कुल 4 मन्वन्तर (काल–खण्ड) हैं। चार मन्वन्तर बीतने पर ब्रह्मा का एक घण्टा होता है। अब ब्रह्मा के 12 घंटे जोड़ें तो यही कुल आयु सृष्टि की मानी गई है। आप गणित करते रहिए। प्रकाशान्तर या ब्रह्मकाल से भगवान् का अस्तित्व ब्रह्माण्ड में हमसे उतने ही मील दूर है, जितना कि इस सूक्ष्म गणना में आएगा और वैज्ञानिक मानते हैं कि यह ब्रह्माण्ड हमसे असीम–अनन्त दूर है। घूमते जाइये। घूमते जाइये। आपको पार न मिलेगा। जाने कितने ब्लैक होल्स (Black Holes), जाने कितनी सृष्टियाँ, ग्रह, उपग्रह, नक्षत्र हैं। पुराणों में 12 सूर्य स्पष्ट रूप से लिखित हैं। वैज्ञानिक स्वीकार करते हैं कि एक सूर्य का और अस्तित्व इस ब्रह्माण्ड में है।

कुल मिलाकर प्रकाश का यह अद्‌भुत चमत्कार है।

प्रकाश के इसी गुण के कारण मनःउदगारों की सार्थकता से सम्बन्धित सभी साधनाओं का विभाजन किया गया है। सभी प्रकार की साधनाओं, उपासनाओं में इस बात का विशेष ध्यान रखा गया है।

आभा (AURA) दर्शन भी एक साधना है। अतएव् प्रकाश का इसमें भी बड़ा महत्व है। व्यक्ति को यह तथ्य हमेशा स्मरण रखना चाहिए।

आभा (AURA) का दिखाई देना या न दिखाई देना, प्रकाश या फिर प्रकाश–व्यवस्था पर निर्भर है।

आभा (AURA) सूक्ष्म प्रकाश–तरंगों का करिश्मा है।

किसी व्यक्ति की आभा (AURA) देखने के लिए आपको स्वयं की आभा (AURA) विकसित करनी होगी, इसके लिए आपको ऊर्जा की तीव्र आवश्यकता होगी। ऊर्जा के आधार पर ही आभा (AURA) सक्रिय होती है। विद्युत शक्ति अदृश्य है। उसे आप देख नहीं सकते, पर वह शक्ति है और दौड़ती है। उसकी गति भी प्रकाश की गति के समान तीव्र है। इसे तभी नियंत्रित किया जा सकता है, जबकि इसे तारों में बांधा जाए। बिजली के तार इच्छानुसार बनाकर आप विद्युत शक्ति को इच्छित रूप में चाहे जब प्रयोग कर सकते हैं। इस प्रकार, आभा की तरंगों को देखने

के लिए इच्छा–शक्ति (Will Power) को 'तार' बनाना पड़ेगा। उस 'तार' में से होकर आप किसी की भी आभा का दर्शन कर सकते हैं।

आभा (AURA) एक प्रकार की प्रकाश–तरंगें हैं। इस आभा का प्रकटीकरण ऊर्जा से ही संभव है और प्रकाश–ऊर्जा इसका सर्वश्रेष्ठ और सशक्त माध्यम है। रेडियो–तरंगों को भी ऊर्जा प्रेषित करती है। रेडियो का प्रयोग इसका प्रमाण है। रेडियो प्रातः, सांय और रात में जितना साफ और मधुर बोलता है, उतना दोपहर को नहीं। फिर वातावरण की दशा भी प्रेषण पर प्रभाव डालती है। वाहन, तूफान, कलपुर्जों की गड़गड़ाहट, बिजली की कड़क और मौसम खराब रहने पर रेडियो पर घरघराहट बढ़ जाया करती है। स्पष्ट कुछ भी नहीं होता। स्पष्ट है कि ऊर्जा के प्रभाव से ही तरंगें प्रेषित होती हैं। उसका प्रभाव पड़ता है। ऊर्जा की तीव्रता उनकी शक्ति को कम कर देती है।

इसी कारण आभा–दर्शन का प्रयोग प्रातः, सांय अथवा हल्के प्रकाश (कृत्रिम प्रकाश) में करना उचित माना गया है। इस समय प्रयोग करने से उसका उचित फल प्राप्त होता है। इसका कारण यह है कि ऐसे समय और स्थिति में आभा–दर्शन के लिए अनुकूल वातावरण का सृजन होता है।

ऊर्जा का माप अपना महत्त्व रखता है। शान्त ऊर्जा में जितनी शक्ति मष्तिष्क को प्रभावित करने की होती है, उतनी तेज़ ऊष्मा में नहीं। सूर्य की तेज ऊष्मा शरीर को विचलित करती है और मष्तिष्क पर ऐसा प्रभाव डालती है कि मनुष्य हो या जीव, तिलमिला जाया करते हैं। जबकि प्रातः, सांय अथवा कृत्रिम प्रकाश की शीतल ऊर्जा सीधे मष्तिष्क पर प्रभाव डालती है। आभा को मानसिक शक्ति से देखने के लिए शान्त ऊर्जा की आवश्यकता होती है।

इच्छित देवी–देवता के समक्ष भी शान्त–मद्धिम प्रकाश–दीपक जलाया जाता है, तेज बल्ब नहीं। दीपक का यह प्रकाश साधक की विचार–भावना को बढ़ा देता है और तब वह अपनी साधना की सफलता की ओर अग्रसर होता है।

प्रकाश विचार–तरंगों का प्रेषण करता है। विज्ञान द्वारा प्रमाणित भी है कि कितनी कम ऊर्जा विचार प्रेषण के लिए आवश्यक है। टेलीफोन हज़ारों मील की दूरी पर किया जाता है, पर अत्यन्त क्षीण विद्युत–शक्ति से। तीक्ष्ण विद्युत की आवश्यकता ही नहीं पड़ती। हज़ारों मील दूर की ध्वनि पल में आ–जा सकती है। हज़ारों मील बैठे दो व्यक्ति एक–दूसरे से इस प्रकार वार्तालाप करते है, मानो आमने–सामने बैठे हों। इस क्रिया में कितनी न्यून ऊर्जा की आवश्यकता पड़ती है, इसका ज्ञान सभी को

है। अतएव् आभा प्रकटीकरण, दर्शन का प्रयोग खुले में, तेज धूप में, दोपहर के समय या कड़ाके की कोहरे युक्त सर्दी में नहीं करना चाहिए।

आभा–दर्शन में सफलता के लिए यदि प्रकाश की आवश्यकता पड़ती है, तो वह मद्धिम ही होना चाहिए। मद्धिम प्रकाश में सरलता के साथ कार्य में सफलता प्राप्त की जा सकती है।

देवी–देवताओं की आराधना में दीपक का मध्यम प्रकाश, मुस्लिम धर्म में मजार पर मोमबत्तियों को जलाना, ईसाई धर्म में भी मोमबत्ती जलाना उत्तम माना गया है। प्रकाश की इसी महत्ता का गहरा सम्बन्ध आभा (AURA) से है।

अपनी आभा के द्वारा आप एक प्रकार से किसी भी व्यक्ति के अन्तर्मन में झांकते हैं। आभा का प्रकाश अन्तर्मन की झांकी ही है। आपकी आभा–तरंगें जितनी प्रभावशाली होंगी, आप उतनी ही आसानी से किसी व्यक्ति के अन्तर्मन में प्रवेश पा सकते हैं। जब आपकी शक्तिशाली आभा–तरंगें (Auric Rays) लक्ष्य से टकराएंगी, तब कहीं जाकर उस पर अपेक्षित प्रभाव पड़ेगा। आपका लक्ष्य आपसे 8-10 फीट की दूरी पर होना चाहिए। इस फासले या दूरी को पूरा करने के लिए 'आभा–तरंगों' को लक्ष्य तक पहुंचाने के लिए 'ऊर्जा' की आवश्यकता होगी। यह ऊर्जा प्रकाश के द्वारा ही उपलब्ध है। 'प्रकाश'–माध्यम से ऊर्जा की प्राप्ति होगी और ऊर्जा–माध्यम से 'आभा–तरंगें' लक्ष्य पर प्रहार करेंगी।

प्रकाश के माध्यम से हम अपनी आभा–तरंगों को प्रेषित करते हैं। आभा-दर्शन में इसी कारण प्रकाश (Light) का महत्त्व है। अंधकार में यह प्रयोग प्रायः असफल रहता है। कुछ–न–कुछ प्रकाश अवश्य चाहिए।

प्रकाश न केवल जीवन की अनिवार्यता है, वरन् अनेक प्रयोगों में भी उत्तम माध्यम है। 'ग्राह्म बैल' ने 'ध्वनि–शून्य–कक्ष' (Sound Proof Room) की स्थापना कर टेलीफोन का प्रयोग किया तो उत्तर में आने वाली ध्वनि दस गुनी शक्ति बढ़ाकर आने लगी। जब उसने कक्ष प्रकाश–विहीन कर दिया तो ध्वनि इतनी मन्द पड़ गई कि उसका सुनाई पड़ना मुश्किल हो गया। प्रकाश के अभाव में यह स्थित आम थी।

आभा (AURA) कपोल कल्पना नहीं है। शब्दों का मायाजाल फैलाकर आपको प्रभावित नहीं किया जा रहा। यह एक सत्य है। कार्य रूप में प्रकट होने वाली एक अत्यन्त प्रभावशाली क्रिया है। एक साधारण–सा मनुष्य भी इसे सीखकर सफलता प्राप्त कर सकता है। लगन और निरंतर अभ्यास से इसे सीखा जा सकता है।

इस तथ्य को भी आप न भूलें कि आभा–दर्शन अथवा प्रयोग के समय वातावरण का भी प्रभाव पड़ता है, आभा–दर्शन एक साधना है। वातावरण, स्थान का प्रत्येक साधना, आराधना में अपना विशेष महत्त्व है। वातावरण का प्रभाव सर्वत्र पड़ता है। अगर आकाश में बराबर बादल छाए रहें तो मौसम ठंडा अथवा सुहावना ही रहेगा और सर्वत्र चिपचिपा–सा होता रहेगा। वातावरण प्रत्येक वस्तु पर अपना प्रभाव डालता है। फूलों के पौधों को अंधेरे स्थान पर रख दें, फूल मुरझा जाएंगे। प्राचीनकाल में इसी कारण वातावरण शुद्ध रखने के लिए यज्ञादि होते थे। हवन–यज्ञादि केवल धार्मिक संस्कार या पूजा–पाठ मात्र नहीं हैं–हवन–सामग्री का सम्पूर्ण विश्लेषण करने से ज्ञात हुआ है कि इन तमाम वस्तुओं के जलने से जो धुआं निकलता है वह पर्यावरण को शुद्ध करता है। आप स्वयं ही अनुभव करें। आज पर्यावरण का प्रदूषण एक भयानक समस्या बन गई है।

पहले प्रातःकाल की शुभवेला में घर–घर हवन होता था। यह नियम–धर्म था। सभी प्रातःकाल आहुतियां दिया करते थे। यज्ञ में छोड़ी गई वस्तुओं के धुएं के कारण वातावरण शुद्ध और सुवासित रहता था। आज के दूषित पर्यावरण के कारण कहीं वर्षा होती है, कहीं नहीं। सब–कुछ अनिश्चित हो गया है। दिन–प्रतिदिन प्रदूषण बढ़ रहा है। हर कोई प्रभावित है। हमारी प्रत्येक शारीरिक क्रिया उससे प्रभावित हो रही है। जाड़े में हमारा शरीर कांपता है। गरमी में हम बेचैनी का अनुभव करते हैं। यह सब वातावरण में आये परिवर्तन के कारण होता है।

शान्त वातावरण में हम अपने विचार एकाग्र कर सकते हैं। शोर–शराबे से युक्त वातावरण में भला कौन अपने विचार एकाग्र कर सकता है?

प्राचीनकाल में लोग वन में जाकर साधना करते थे।

शिक्षा के केन्द्र तपोवन में हुआ करते थे।

क्यों?

क्योंकि साधना और शिक्षा के लिए कोलाहल–मुक्त, शान्त वातावरण की आवश्यकता होती है।

इसी प्रकार आभा–दर्शन/प्रकटीकरण का प्रयोग भी एकान्त वातावरण चाहता है, इसके साथ ही साधारण प्रकाश भी।

कुछ पाश्चात्य विद्वानों ने खान–पान में भी सावधानी बरतने का निर्देश दिया है। उनका कथन है कि खान–पान में थोड़ी सावधानी बरती जाए तो इसमें और अधिक सफलता मिल सकती है। हमारे विद्वानों ने भी कहा

है–'जैसा खाओ अन्न, वैसा होवे मन।'

यह भी कहा गया है कि हमारी आभा व विचार खान–पान पर निर्भर हैं। जैसा खान–पान, वैसी आभा–वैसे विचार। इसी कारण हमारे यहां तीन प्रकार की दशाएं बताई गई हैं–राजसी, सात्विक और तामसिक। राजसी वृत्ति तो केवल राजाओं तक ही सीमित है। सात्विक और तामसिक का सम्बन्ध जन–साधारण से है। सात्विक विचार रखने वाले व्यक्ति का चेहरा आभापूर्ण, ओजस्वी होता है, जबकि तामसिक विचार वाले व्यक्ति का कलुषित–डरावना। सात्विक भोजन सादा, शुद्ध व शाकाहारी होता है। मांस–मदिरा वाला भोजन तामसिक कहलाता है। सात्विक भोजन के सात्विक विचार सरलता से उत्पन्न होते हैं। इसी कारण सात्विक भोजन अपनाने का परामर्श दिया गया है। मांसाहारी का चिन्तन गर्म होता है, विचारों को भी गर्म–उत्तेजित रखता है।

स्वयं की एवं अन्य किसी व्यक्ति की आभा (AURA) देखने से पहले आंखों की एकाग्रता के लिए कुछ अभ्यास कर लेने आवश्यक हैं। इसके पश्चात आभा देखना अपेक्षाकृत अधिक सरल हो जायेगा।

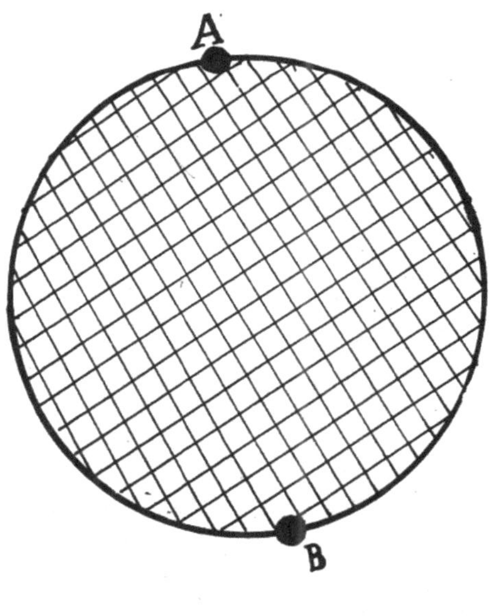

रेखीय चक्र : आभा के दर्शन में सहायक

प्रथम अभ्यास

आंखों की एकाग्रता के लिए 'रेखीय चक्र' पर अभ्यास उपयोगी होगा। रेखीय चक्र के बिन्दु 'ए' पर नज़रें केन्द्रित कीजिये, फिर उसी रेखा पर नज़रें गड़ाए हुए बिन्दु 'बी' की तरफ बढ़िये।

इस दौरान सांसों का क्रम अत्यन्त धीमा और गहरा होना चाहिए। आंखें झपकनी नहीं चाहिए।

जब 'ए' बिन्दु से आप 'बी' बिन्दु पर जाएं, तो पुनः एकाग्रता से वापस 'ए' बिन्दु की ओर लौटिये।

यह अभ्यास ब्रह्ममुहूर्त में प्रतिदिन सामर्थ्यानुसार कीजिये। इस अभ्यास से आपकी आंखों की एकाग्रता बढ़ेगी, चमक पैदा होगी, साथ ही आपकी इच्छा–शक्ति में भी विकास होगा।

द्वितीय अभ्यास

पिछला अभ्यास आंखों की एकाग्रता के लिए था, जब आपकी आंखें बिना असंतुलित हुए बिन्दु 'ए' से 'बी' तथा 'बी' से 'ए' तक पहुंचने योग्य हो जाएं, तब यह अभ्यास आरम्भ करें।

तीन इंची त्रिज्या के दो वृत्त बनाएं। वृत्त अलग–अलग श्वेत आर्ट पेपर पर बनाएं। एक वृत्त में इन्द्रधनुषी रंग (लाल, नारंगी, पीला, हरा, नीला, गहरा नीला तथा बैंगनी) भर लें। हर रंग स्पष्ट नज़र आये।

दूसरे वृत्त में मानवीय त्वचा का रंग (Skin Colour) भर लें।

सतरंगी वृत्त को नेत्रों की सीध में दीवार पर 2 फीट की दूरी पर टांग दें, (चित्र देखें)।

अब एक गर्म आसन पर बैठ जाएं और सतरंगी गोले को एकटक देखें। आंखों से पानी निकलने लगे तो गुलाब जल या ठण्डा पानी छिड़क लें। कुछ देर आराम के बाद पुनः अभ्यास आरम्भ कर दें। पहले दिन 5-7 मिनट अभ्यास करें।

ब्रह्ममुहूर्त में यह अभ्यास नियमपूर्वक करें। कई दिनों के अभ्यास के बाद वृत्त के सारे रंग गायब हो जाएंगे और उनके स्थान पर आपको तेज चमकीला प्रकाश दिखाई देने लगेगा। जब ऐसा होने लगे तो समझें कि अभ्यास ठीक चल रहा है।

जब अभ्यास शुरू करते ही सतरंगी आभा के स्थान पर तीव्र चमकीला प्रकाश दिखाई देने लगे तो अभ्यास पूर्ण मानें।

सतरंगी वृत्त पर अभ्यास

अब इसी प्रकार त्वचा के रंग के वृत्त पर अभ्यास करें।

नियमित अभ्यास से इस वृत्त में आपको चमकीला रंग दृष्टिगोचर होने लगेगा। ऐसा होने पर अभ्यास को सफलता की दिशा में बढ़ता समझें।

जब अभ्यास आरम्भ होते ही वृत्त चमकीला दिखाई देने लगे तो दृढ़ इच्छा–शक्ति से चमकीले रंग के भीतर झांकने की कोशिश करें। मन–ही–मन यह भावना दें कि 'इस चमकीले रंग में छिपे सतरंगी रंग अलग–अलग दिखाई दें।'

इस तरह नियमित अभ्यास से कभी आपको एक रंग दिखाई देगा, कभी दूसरा और इस तरह सभी रंग स्पष्ट दृष्टिगोचर होने लगेंगे। अब अपना अभ्यास पूर्ण समझें।

अगर सरलता से रंग दृष्टिगोचर न हों, तो घबरायें नहीं, न ही अभ्यास को अनियमित करें अथवा बीच में छोड़ें। साधना में लगें रहें, अंततः सफलता मिलेगी ही।

त्वचा के रंग के वृत्त पर अभ्यास

इन अभ्यासों से आप शरीर में छिपी आभा (AURA) के दर्शन सहजता से करने योग्य हो जायेंगे।

यह ध्यान रखें कि जब आपकी स्वयं की आभा विकसित होगी, तभी आप दूसरों की आभा देखने योग्य हो सकेंगे, अतः यह अभ्यास अवश्य करें। यह आपको आभा देखने योग्य तो बनायेंगे ही, आपकी आभा (AURA) को बढ़ायेंगे भी।

तृतीय अभ्यास

उपर्युक्त दोनों अभ्यासों में पारंगत होने के बाद यह अभ्यास आरम्भ करें।

श्वेत आर्ट–पेपर पर पांच इंच की एक मानवाकृति (चित्रानुसार) बनाएं। इसे सुविधानुसार दीवार पर टांग कर एक आसन बिछाकर बैठ जाएं। अब मानवाकृति से सटी रिक्त–श्वेत रेखा को सिर की ओर से (बाएं से दाएं) देखते हुए कंधे, कमर से होते हुए वापस उसी बिन्दु पर पहुंच जाएं, जहां

से आपने देखना आरम्भ किया था। यह अभ्यास नियमित करें।

पूरे शरीर पर, जितनी शीघ्रता से हो सके, नज़रें घुमाएं।

यह अभ्यास अंधकार से उजाले की ओर बढ़ने की क्रिया है। जैसे आंखें बन्द कर गहरी नींद में सोने के बाद सर्वत्र निस्तब्ध अंधकार छा जाता है, किन्तु हमारा अन्तर्मन तब भी सक्रिय रहता है। वह सब–कुछ देखता है। रंग–बिरंगे सपने देखता है। अंधकार की चादर पर इन्द्रधनुषी कलाकृति देखता है। अनहोनी को साकार होते देखता है। यानी अंधकार भी अपने आप में इन्द्रधनुषी आभा समेटे हुए है।

इस मानवाकृत्ति पर अभ्यास से आपके दिव्य चक्षु खुलने लगते हैं। निरंतर अभ्यास से मानवाकृति के निकट श्वेत रेखा में हमें पहले चमकीला अथवा सुनहरा रंग दिखाई देने लगता है, फिर क्रमिक अभ्यास के साथ ही कई अन्य रंग (लाल, नीला, पीला) दृष्टिगोचर होने लगते हैं और एक दिन यह रंग इन्द्रधनुषी आभा में परिवर्तित हो जाते हैं।

यह अभ्यास एक कठोर साधना से कम नहीं है अतः इसे इसी तरह करना चाहिए। तीन महीने के नियमित अभ्यास से चमकीला–सुनहरा रंग दिखाई देने लगता है, फिर दो महीने बाद सतरंगी रंग।

इस साधना हेतु व्यक्ति की ऊर्जा, मानसिक शक्ति, इच्छा–शक्ति, समर्पण और श्रद्धा प्रबल होने चाहिए। ऐसे व्यक्ति शीघ्र ही अपने उद्देश्य को प्राप्त कर लेते हैं, किन्तु इनके अभ्यास में ज्यादा समय भी लग सकता है, अतएव् धैर्य न खोएं, नियमित अभ्यास में रत् रहें। अंततः सफलता मिलेगी ही।

स्वयं की आभा देखने की विधि

अपनी आभा (AURA) को देखना एक उत्सुकता और जिज्ञासा का विषय है। यह एक रोमांचकारी घटना भी है। पिछले अभ्यासों में सिद्धहस्थ होने के उपरान्त आप सहजता से अपनी अथवा अपने साथी की आभा (AURA) को देखकर अपनी अथवा उसकी चारित्रिक, शारीरिक व मानसिक स्थितियां का सही आकलन प्रस्तुत कर सकते हैं।

निम्न बिन्दुओं के क्रम में आभा (AURA) देखें :

(1) एक आदमकद दर्पण (Mirror) बिल्कुल सफेद दीवार से दो फीट की दूरी पर रख दें।

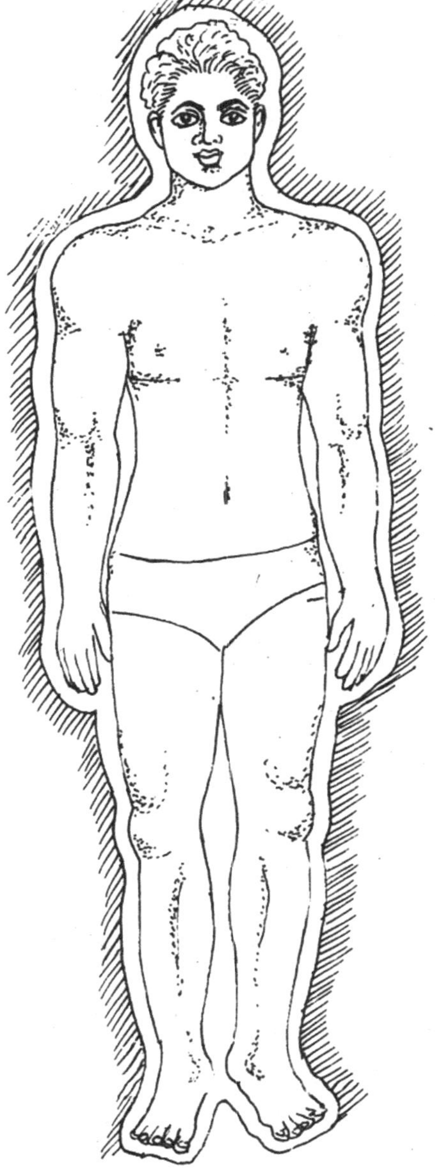

मानवाकृति पर अभ्यास

(2) स्वयं सफेद दीवार से पीठ सटाकर खड़े हो जाएं। आपके शरीर पर कम–से–कम वस्त्र हों।

(3) स्वयं को दपर्ण में ऊपर से नीचे तक देखें और गहरी–गहरी सांस लेते हुए शरीर को हौले–हौले हिलाते रहें–ऐसे मानो कंपकंपी आ रही हो।

(4) अब इसी अध्याय में दिए अभ्यास तीन की भांति, बाएं से दाएं अपने शरीर के चारों ओर देखना आरम्भ करें।

(5) धीरे–धीरे आपको एक चमकीला प्रकाश शरीर के चारों ओर से फूटता दिखाई देगा। यह प्रकाश कभी कम, कभी ज्यादा होगा और कभी बिल्कुल लुप्त हो जाएगा।

(6) नज़रें पूर्ववत् घुमाते रहें। सांसों की गति घटा दें। इस दौरान कक्ष में मन्द प्रकाश हो। तेज प्रकाश में आभा से सभी रंग छिप जाते हैं।

(7) अब एक सुनहरी, चमकदार अथवा अन्य किसी भी रंग की आभा शरीर से निकलती हुई दृष्टिगोचर होने लगेगी। यह आपकी भौतिक (Etheric) आभा है।

(8) इस आभा को सांसों के क्रम से आप तत्काल बदलकर देख सकते हैं। तेज–तेज सांस लें और देखें की आपकी आभा फैल–सी गई है, वहीं सांसों की गति घटा दें और देखें कि आभा (AURA) भी उसी के साथ संकुचित, चमकदार होती चली जा रही है।

(9) प्रयोग करते रहें। थोड़ी देर बाद आपको भौतिक आभा के कुछ ऊपर एक चमकदार अथवा इन्द्रधनुषी रंग का आवरण दृष्टिगोचर होने लगेगा। यह आपकी मानसिक (Astral) आभा है।

इस तरह आप स्वयं की आभा के जीवंत दर्शन कर सकते हैं।

दूसरों की आभा देखने की विधि

जब आप स्वयं की आभा देखने में सक्षम हो जाएंगे तो अन्य व्यक्तियों की आभा देखने में कोई कठिनाई नहीं होगी। इस दौरान उन्हीं सावधानियों को बरतें, जो आपने स्वयं की आभा देखने में बरती थीं।

निम्न बिन्दुओं के क्रम में दूसरे व्यक्तियों की आभा (AURAS) देखें:

(1) अभीष्ट पात्र को कम–से–कम वस्त्रों में बिल्कुल सफेद दीवार से 18-20 इंच दूर खड़ा कर दें।

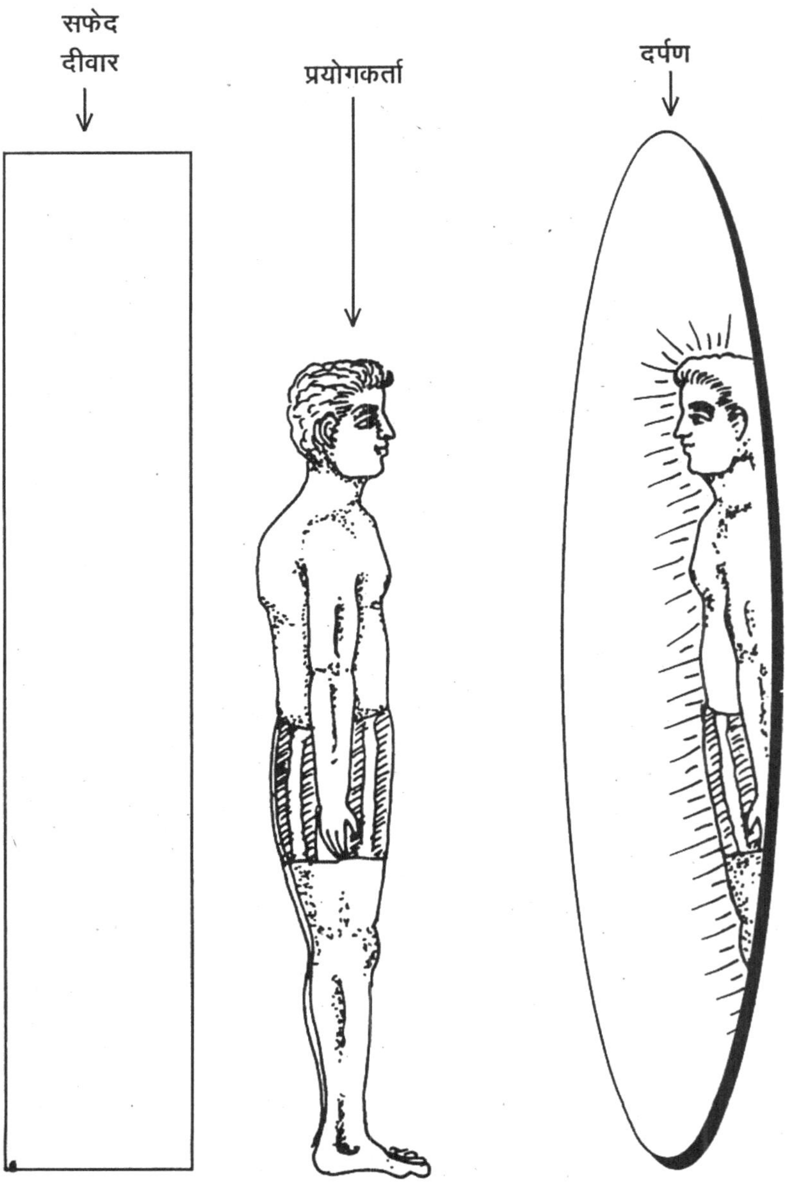

स्वयं की आभा देखने की विधि

(2) प्रयोग–कक्ष में मन्द प्रकाश हो। इसके लिए प्राकृतिक प्रकाश सर्वोत्तम है। तेज लाइटें, चकाचौंध रोशनी आपके प्रयोग को असफल कर सकती हैं।

(3) स्वयं पात्र से 8-10 फीट दूर खड़े हो जाएं। पात्र का चेहरा आपकी ओर हो।

(4) पात्र को धीरे–धीरे गहरी सांसें लेने के लिए प्रेरित करें। साथ ही वह (पात्र) अपने शरीर को हौले–हौले हिलाता भी रहे।

(5) दीवार पर नज़र आती पात्र की प्रतिकृति पर गहरी नज़र डालें। अब सिर से लेकर बाएं से दाएं पूरे शरीर पर गहरी नज़रें घुमाएं।

(6) अब नज़रों को सिर के ठीक पीछे दीवार पर केन्द्रित करें आपको चमकदार प्रकाश का एक आवरण–सा दृष्टिगोचर होगा। धीरे–धीरे यह आवरण शरीर के चारों ओर दिखाई देने लगेगा।

(7) यह आपके पात्र की भौतिक (Etheric Aura) आभा है। धीरे–धीरे यह आभा आपको स्पष्ट नज़र आने लगेगी।

(8) अब पात्र को पहले से अधिक गहरी और धीमी सांस लेने को कहें। कुछ सेकण्डों बाद आपको भौतिक आभा के ऊपर एक अन्य चमकीला आवरण दृष्टिगोचर होने लगेगा।

(9) यह आपके पात्र की मानसिक (astral) आभा है। कुछ देर के प्रयोग के बाद इसमें आपको रंग भी नजर आने लगेंगे।

कुछ आवश्यक बातें

* हर व्यक्ति की आभा (AURA) भिन्न–भिन्न आवृति की होती है। रंग भी भिन्न–भिन्न हो सकते हैं।

* पहली बार देखने पर प्रयोगकर्ता को आभा के रंग नज़र नहीं आते, सिर्फ चमकीला प्रकाश भर दृष्टिगोचर होता है, लेकिन इस पर घबराना नहीं चाहिए, धैर्यपूर्वक अभ्यास करते रहना चाहिए। कई अभ्यासों के बाद आप इन्द्रधनुषी आभा देखने योग्य हो सकते हैं।

* आभा के रंग व्यक्ति की शारीरिक व मानसिक स्थिति को दर्शाने वाले होते हैं, लेकिन विषय में पारंगत हुए बिना किसी भी पात्र के बारे में असंगत विश्लेषण नहीं करना चाहिए।

* इन्द्रधनुषी आभा (AURA) देखने के लिए पात्र बदल–बदलकर प्रयोग करने चाहिए।

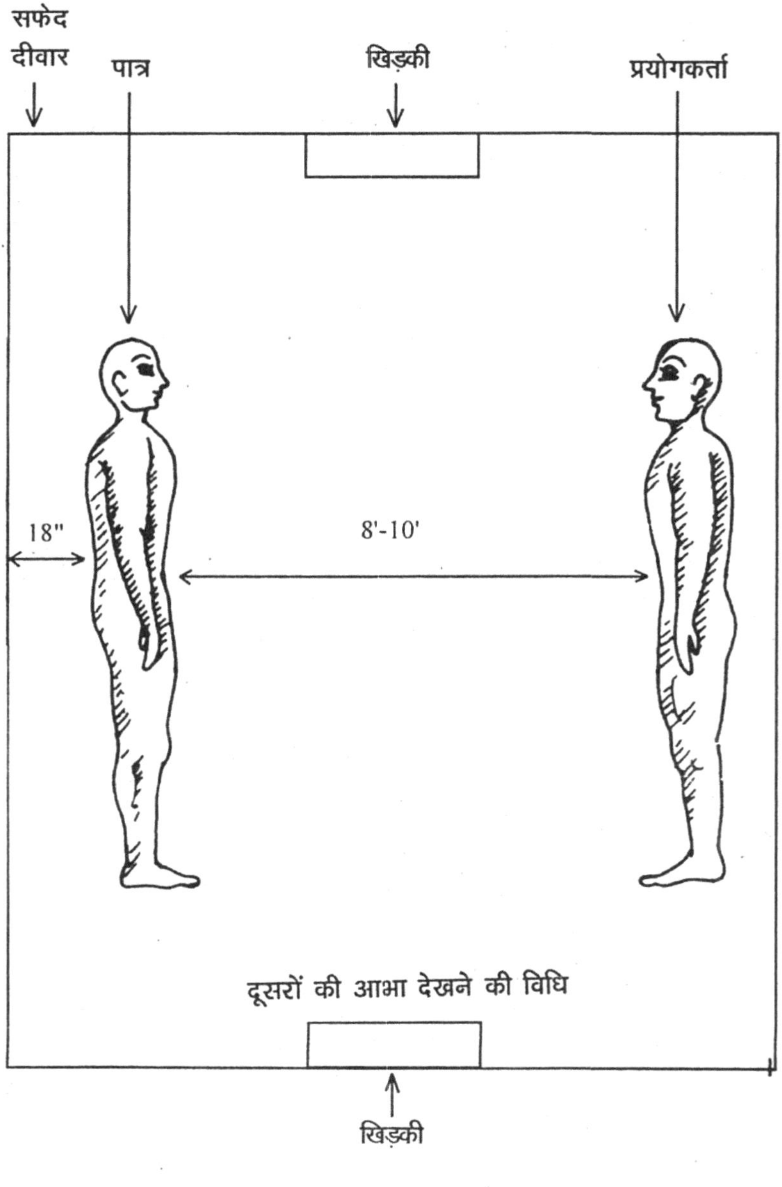

दूसरों की आभा देखने की विधि

* आभा प्रायः (AURA) एक–डेढ़ मिनट दिखाई देकर लुप्त हो जाती है। ऐसा होने पर कुछ देर विश्राम कर प्रयोग पुनः आरम्भ करें।

* भौतिक (Etheric) आभा थोड़े से अभ्यास के बाद ही दिखाई देने लगती है, जबकि मानसिक (astral) आभा के लिए निरंतर प्रयोग और अभ्यास आवश्यक हैं।

* कभी–कभी दोनों आभाएं (AURAS) एक दूसरे में गुंथी हुई सी दिखाई देती हैं और हम इस भ्रम में रहते हैं कि यह एक ही आभा है। यह भ्रम की स्थिति अनेक अभ्यासों के बाद दूर हो जाती है, जब आप आभा (AURA) को देखने और परखने योग्य हो जाते हैं।

आभा के माध्यम से आप अपना भूत, भविष्य और वर्तमान देख सकते हैं। अब आपको किसी चिकित्सक के पास जाने की आवश्यकता नहीं है, अपनी आभा के रंग देखिये और स्वयं ही अपनी चिकित्सा कीजिये। हमारे लिए यह एक नया विषय हो सकता है, किन्तु यह एक अतिप्राचीन विद्या है। सैकड़ों वर्षों पूर्व हमारे ऋषि–मुनि अपनी आभा के दिव्य प्रकाश से चहुं ओर आलोक फैलाते रहते थे। उनके प्रचण्ड तेज़ को साधारण आदमी तो आंख उठाकर भी नहीं देख पाता था। और जब किसी ऋषि की क्रोध रूपी आभा श्राप के रूप में किसी व्यक्ति पर पड़ती थी तो वह पलभर में भस्म हो जाता था।

आभा सभी में है। जीव–निर्जीव सभी आभावान हैं। आभा का अभाव व्यक्ति को रुग्ण–प्रायः बना देता है, अतः आभावान बनिये! सद्‌गुण, उच्च चरित्र, उत्साह, उमंग, नैतिक बल ग्रहण कीजिये। यह सभी व्यक्ति की आभा (AURA) को समृद्ध करते हैं।

किरलियन फोटोग्राफी

किरलियन फोटोग्राफी एक आधुनिक इलेक्ट्रानिक तकनीक है, जिसके प्रयोग से मानव–शरीर में निकट भविष्य में होने वाले विभिन्न रोगों का काफी समय पहले पता लगाया जा सकता है। लंबी अवधि तक चलने वाले तथा भयावह रोगों में किस दवा से रोगी ठीक हो रहा है, यह भी मालूम किया जा सकता है। आजकल रोगी अपने उपचार के लिए विभिन्न प्रकार की चिकित्सा पद्धतियों–जैसे एलोपैथिक, आयुर्वेदिक, होम्योपैथिक व यूनानी आदि काम में लेता है। कई बार एक ही विधि को काफी समय तक प्रयोग में लाने के पश्चात् भी रोगी उपचार की प्रगति से संतुष्ट नहीं हो पाता।

ऐसे रोगी इस तकनीक को अपनाकर अपनी इस शंका का समाधान कर सकते हैं और रोग के उपचार की प्रगति कुछ दिनों में ही ज्ञात कर सकते हैं। यदि व्यक्ति को एक प्रकार की चिकित्सा प्रणाली उचित कार्य करती नहीं प्रतीत हो रही हो तो वह दूसरी पद्धति को अपनाकर उससे चिकित्सा की प्रगति स्वयं देख सकता है। रोगों के साथ–साथ व्यक्ति के चरित्र, विचार, प्रवृत्तियां और भावनाओं का चित्रण भी इस तकनीक से किया जा सकता है। व्यक्ति की भ्रष्ट, दुराचारी, लालची व स्वार्थ जैसी कुत्सित प्रवृत्तियों का चित्रण फिल्म पर लिया जा सकता है। अगर किसी उपाय से उसकी इन प्रवृत्तियों में कमी होती है तो उन्हें भी इस तकनीक से देखा जा सकता है। यह तकनीक विश्व के कई देशों जैसे : अमेरिका, जर्मनी, इटली, ब्राजील, ब्रिटेन आदि में प्रयोग में लाई जाने लगी है। भारत में मुम्बई में भी इस तकनीक का विकास किया गया है। मुंबई में एक

क्लिनिक में इस तकनीक से रोगों की पहचान तथा उपचार भी प्रगति देखने की व्यवस्था है।

इस तकनीक को सन् 1939 में रूस के एक शोधकर्ता सेम्योन डेवीडोविच किरलियन ने विद्युत विसर्जन (कोरोना डिस्चार्ज) के सिद्धान्त पर विकसित किया था। अगर किसी वस्तु को भूमि से जोड़कर एक उच्च आवृति वाले इलेक्ट्रोड के विद्युत–क्षेत्र में रख दिया जाता है तो इसमें विद्युत प्रवाहित करने के पश्चात् दोनों के मध्य में स्थापित फोटो–फिल्म पर वस्तु के आसपास फैले आभा–मण्डल का चित्र आ जाता है। इस चित्र का विश्लेषण कर शरीर के रोगों (कैंसर, पक्षाघात, मधुमेह, हृदयाघात आदि) की स्थिति वास्तव में प्रकट होने के कई माह पूर्व ज्ञात की गई है और समय रहते इनका उपचार भी किया गया है। किरलियन फोटोग्राफी साधारण कैमरे की फोटो प्रणाली से भिन्न होती है। इसमें कैमरे के साथ भिन्न वस्तुओं का भी प्रयोग किया जाता है–(1) तांबा, पीतल या किसी सुचालक पदार्थ का चपटा इलेक्ट्रोड (2) एक विद्युत स्त्रोत या बैटरी (3) एक ट्रांसफॉर्मर (4) दबाव बटन (5) प्लास्टिक या लकड़ी का डिब्बा (6) प्लग (7) विद्युत सुचालक तार एवं (8) साधारण कैमरा व पोलेराइड फिल्म।

इस प्रकार के किरलियन कैमरे बने बनाए मिलते हैं, जिनकी कीमत एक लाख से पांच लाख रुपए तक हो सकती है। किसी सजीव वस्तु की किरलियन फोटोग्राफी लेने पर उसके आभामण्डल का चित्र विभिन्न रंगों के साथ आना पाया गया है।

प्रयोगों द्वारा यह सिद्ध किया जा चुका है कि प्रत्येक जीवित प्राणी के मस्तिष्क के न्यूरोन विभिन्न आवृति व कला की विद्युत चुम्बकीय तरंगें उत्पन्न करते हैं। ये न्यूरोन वातावरण में व्याप्त और ब्रह्माण्ड से प्राप्त विद्युत चुम्बकीय व अन्य प्रकार की ऊर्जा को ग्रहण कर उसका अभिवर्द्धन करने की क्षमता भी रखते हैं। इन दोनों प्रकार की समग्र शक्तियों के कारण मनुष्य के शरीर के चारों ओर एक आभामण्डल का सृजन होता है, जिसका फैलाव व सामंजस्य विभिन्न व्यक्तियों में भिन्न–भिन्न तीव्रता वाला पाया गया है।

इस तकनीक से यह सिद्ध हो गया है कि प्राचीन भारतीय शास्त्रों में वर्णित मनुष्य एवं अन्य सजीव प्राणियों के चारों ओर फैले दिव्य आभामण्डल का वैज्ञानिक आधार है और अब इसे देखा जा सकता है। भारतीय ऋषियों ने मानव के प्राण–शरीर में सात शक्ति केन्द्रों या चक्रौं की उपस्थिति को माना था। इन चक्रों के नाम और इनसे संबंधित रंगों का विवरण इस

प्रकार है–(1) सहस्त्रार–जामुनी या बैंगनी (2) आज्ञा–गहरा नीला (3) विशुद्ध–आसमानी नीला (4) हृदय या अनाहत–हरा (5) मणिपुरी–पीला (6) स्वाधीस्थान–नारंगी (7) मूलाधार–लाल।

चेन्नई (मद्रास) के एक चिकित्सालय में उपर्युक्त चक्रों की शरीर में स्थिति व रंगों को देख उनका फिल्म पर चित्रण करना संभव हो गया है।

उपर्युक्त सात चक्र मानव–शरीर की कार्य–प्रणालियों, प्रवृत्तियों, भावनाओं तथा उसमें उत्पन्न हुए रोगों से संबंधित रहते पाए गए हैं। ये सातों चक्र एक दिव्य परिपथ द्वारा एक–दूसरे से जुड़े पाए गए हैं तथा इस परिपथ का प्रतिरोध लगभग नगण्य होने की दशा में ऊर्जा एक चक्र से दूसरे चक्र तक बड़ी आसानी से निर्विरोध आ–जा सकती है। एक स्वस्थ, सच्चरित्र, सद्गुणों से सम्पन्न सात्विक प्रवृत्ति वाले व्यक्ति के आभामण्डल का चित्र एकरूपता लिए हुए बिना जीर्ण–शीर्ण अवस्था में सामंजस्य के साथ शरीर के चारों ओर अच्छा फैलाव लिए हुए पाया गया है। भ्रष्टाचारी, दुराचारी, रोगी या कुत्सित भावनाओं वाले व्यक्ति के शरीर के आभामण्डल का चित्र जगह–जगह से टूटी–फूटी अवस्था में, कम या नगण्य फैलाव वाला आता है।

मस्तिष्क या शरीर की जिन ग्रन्थियों में विकृति आने के कारण ऐसा होता है, उन ग्रन्थियों की मानव–शरीर में स्थिति के आसपास किरलियन फ़ोटो में विकृति तथा टूट–फूट देखी गई है। मानव–शरीर के आभामण्डल के ऐसे ही फोटो को देख उसके निकट भविष्य में होने वाले रोगों, भावनाओं तथा प्रवृत्तियों का पता लगाया जाता है। ग्रंथों में वर्णित अनुभवों से यह ज्ञात होता है कि अगर समय पर उपचार शुरू कर दिया जाए तो कैंसर, पक्षाघात, हृदयाघात तथा मधुमेह जैसे रोगों की चिकित्सा पूर्णरूप से सफलता के साथ की जा सकती है।

आधुनिक भारतीय परिप्रेक्ष्य में शीर्ष पर बैठे महत्त्वपूर्ण व्यक्तियों के शरीर की किरलियन फोटोग्राफी लेने पर उनमें रोगों के साथ–साथ पवित्र एवं कुत्सित प्रवृत्तियों का आभास किया जा सकता है और समय रहते उपचार करने पर रोग के साथ–साथ ये बुराइयां भी मिटाई जा सकती हैं। इस तकनीक का भविष्य काफी उज्जवल प्रतीत होता है। रेकी चिकित्सा पद्धति तथा किरलियन फोटो तकनीक का समन्वित प्रयास करने से कई रोगों के उपचार में सफलता शीघ्र हासिल कर ली गई है। यह तकनीकि मानव–जीवन में एक क्रान्तिकारी परिवर्तन लाने की क्षमता रखती है।

जीवन में आभा का महत्त्व

भारत का प्राकृतिक वातावरण कुछ ऐसा रहा है और उसके साथ-साथ यहां की सामाजिक व्यवस्था कुछ इस प्रकार की रही है कि यहां चिन्तन-मनन के लिए पर्याप्त समय दिया गया था। साधक सदा गिरी-कन्दराओं और वनों में रहे, जहां उनको चिन्तन-मनन का समय मिला और इसके साथ-साथ शिक्षा-दीक्षा की व्यवस्था 'गुरुकुलों' में होती रही। 'गुरुकुल' नगरीय कोलाहल से सदा दूर रहे। ब्रह्मचर्य का पूर्ण पालन कर विद्या-अध्ययन किया जाता था। इस कारण मन की सारी शक्ति का सबसे सुन्दर उपयोग किया गया। फलतः ज्योतिष हो, विज्ञान हो, मंत्र-तंत्र हो, गणित हो, अध्यात्म हो, भारत सब में अग्रणी रहा। भारत के वेद विश्व के प्राचीनतम ग्रन्थ माने जाते हैं। लेखन विकास न पा सका था, अतएव् श्रुतियों के द्वारा यह विद्या सुरक्षित-संरक्षित रही।

भारत में मनुष्य और मनुष्य के सम्बन्ध में जितनी खोजबीन हुई है, उतनी अब तक कहीं नहीं हुई है। हमारे धार्मिक ग्रन्थ वेद, रामायण, महाभारत इसका प्रमाण हैं। सर्वत्र मन, आभा और उसकी अलौकिक शक्तियों का विशद् वर्णन-विवेचन किया गया है। भगवान श्री कृष्ण ने अपने मुख में ब्रह्माण्ड (विश्व-दर्शन) दिखाकर यह प्रमाणित कर दिया कि सम्पूर्ण ब्रह्माण्ड (अखिल विश्व) केवल मनुष्य के भीतर है। इस प्रकार मनुष्य और मनुष्य की सम्पूर्णता को ही 'ब्रह्माण्ड' बताया गया है। आशय यह है कि मनुष्य स्वयं सम्पूर्ण ब्रह्माण्ड का नियंत्रणकर्ता है, बशर्ते कि वह अपनी इस शक्ति को पहचाने।

कृष्ण की रासलीला में उनकी बहुमुखी आभा (AURA) का विहंगम दर्शन होता है। उनकी रासलीला में प्रत्येक गोपी अपने साथ एक कृष्ण को पा रही है। सर्वत्र कृष्ण ही कृष्ण हैं। यह कृष्ण की आभा का ही चमत्कार था।

सीता माता की सुरक्षा के लिए लक्ष्मण द्वारा खींची जाने वाली **'लक्ष्मण–रेखा'** भी आभा का ही चमत्कार थी। वह 'लक्ष्मण–रेखा' तीव्र विनाशकारी प्रकाश (अग्नि) के रूप में आभा का ही एक अनन्य रूप थी।

संजय ने नेत्रहीन धृतराष्ट्र को महाभारत का सम्पूर्ण वर्णन अपनी तेजस्वी आभा (AURA) के द्वारा ही सुनाया था।

ऐसे न जाने कितने उदाहरण हमारे प्राचीन ग्रन्थों में भरे पड़े हैं।

जीवन में यत्र–तत्र सर्वत्र आभा के महत्त्व के दर्शन होते रहते हैं। किसी बालक की होशियारी में उसकी छिपी हुई आभा के ही दर्शन होते हैं। अपनी तीक्ष्ण आभा (AURA) के कारण ही भारतीय जलपरी रूपाली रामदास रेपाले अब तक दुनिया के छह जल डमरूमध्य पार कर एक विश्व कीर्तिमान स्थापित कर चुकी है। क्रिकेट, हॉकी, एथलेटिक्स, विज्ञान, इलेक्ट्रानिक्स सभी में आभा के माध्यम से काफी कुछ किया जा रहा है और आगे बहुत कुछ करने की गुंजाइश है।

आभा (AURA) ऊर्जा (ENERGY) का ही एक रूप है। जीवन के प्रत्येक कार्य में ऊर्जा का व्यय होता है। ऊर्जा के द्वारा ही हम अपना प्रत्येक कार्य भली प्रकार से सम्पन्न कर पाते हैं। यह हमारी ऊर्जा पर ही निर्भर करता है कि हम कितनी अच्छी आभा (AURA) के व्यक्ति हैं। अच्छी आभा के लिए अच्छी ऊर्जा का होना परम आवश्यक है।

आपने देखा होगा कि अपने से उच्च पद पर आसीन अथवा प्रभावशाली व्यक्ति के समक्ष आप स्वयं में एक झिझक, डर अथवा हीनभावना का अनुभव करते हैं। यह इस कारण होता है क्योंकि उस प्रभावशाली व्यक्ति की आभा ने आपकी आभा को दबा दिया होता है–जिस प्रकार बल्ब के प्रकाश में मोमबत्ती का प्रकाश गौण हो जाता है, अथवा नक्कारखाने में 'तूती' का स्वर दब जाता है। स्पष्ट है, बड़ी आभा छोटी आभा को दबा देती है अथवा खा जाती है।

आभा का कम–ज्यादा होना आयु के ऊपर निर्भर नहीं करता। कम आयु का व्यक्ति अधिक आभावान हो सकता है और अधिक आयु का व्यक्ति कम आभावान।

जन्मजात आभा

कहा गया है : प्रतिभाएं जन्मजात होती हैं। यही बात आभा पर भी लागू होती है। आभा भी जन्मजात होती है। विषम परिस्थितियों में हालांकि आभा भी प्रभावित होती है, तथापि उसकी तेजस्विता कहीं–न–कहीं जड़ से जुड़ी होती है।

जन्मजात आभा (AURA) का सुन्दर उदाहरण कर्ण–जन्म का पठनीय है : ''वह कुमार (कर्ण) अद्वितीय रूप–लावण्य युक्त था। भगवान् भास्कर का जैसा स्वरूप था। एक अपूर्व कांति से उसका शरीर चमक रहा था। उसकी अवर्णनीय आभा थी। ऐसे आभावान, तेज़स्वी पुत्र को देख कुन्ती का हृदय बांसों उछलने लगा। वह अनिमेष दृष्टि से उस अलौकिक कुमार के आनन (मुख) को निहारने लगी। पुत्र की आभा से वह प्रसूति–गृह जगमगाने लगा। चारों ओर सूर्य जैसा प्रकाश छा गया।''

जब गौतम बुद्ध का जन्म हुआ था, तो उनके तेज़ से सारा वातावरण आलोकित हो उठा था। लोगों में अनायास ही उत्साह का संचार हो उठा था। वन–प्रान्तर में जीव–जन्तु अठखेलियां करने लगे थे। आकाश में पक्षी कलरव कर उठे थे। नदियां आलोड़ित हो उठी थीं। यह सब बुद्ध की जन्मजात आभा (AURA) का प्रबल–प्रखर प्रभाव था।

श्रीकृष्ण के जन्म के साथ कारागृह के समस्त प्रहरी उनकी आभा के प्रभाव से ही गहरी निद्रा में लीन हो गए थे। वासुदेव जब यमुना में कृष्ण को लेकर उतरे तो यमुना का जल श्रीकृष्ण की आभा को ही स्पर्श करने के लिए मचल उठा था–स्पर्श–मात्र से 'तरने' के लिए।

हिरण्यकशिपु अपने पुत्र प्रहलाद की आभा से डरकर उसे मरवाने को बाध्य हो गया था। उसे प्रहलाद का विष्णु–विष्णु जपना ठीक नहीं लगता था, जबकि प्रहलाद राक्षस–कुल में जन्म लेकर भी धार्मिक आभावान था।

यह सब जन्मजात आभा का चमत्कार था।

शिक्षा में आभा का महत्त्व

आभावान–बुद्धिमान छात्र पाकर शिक्षक खुश होते हैं और छात्र के माता–पिता भी। आभावान छात्र में उमंग–उत्साह की कमी नहीं होती। वह समर्पण भाव से विद्याध्ययन में रत् रहता है, इसके विपरीत जिस छात्र में आभा (AURA) की प्रबलता का अभाव होता, वह अपेक्षाकृत विद्याध्ययन के प्रति कम समर्पित होगा।

आभा वंशानुगत है

जीवशास्त्र के मतानुसार निषिक्त अण्ड में वर्तमान विशिष्ट गुणों के योग से ही वंशानुक्रम चलता है। समान जीव से ही समान जीवन की उत्पत्ति होती है। फिर भी एक ही माता–पिता से उत्पन्न अनेक सन्तानों में परस्पर बहुत अन्तर देखा जाता है।

मनुष्य शरीर की रचना में कोषों (Cells) का बहुत कुछ योग है, परन्तु गर्भाधान की प्रारम्भिक स्थिति में भ्रूण की रचना केवल एक ही कोष से होती है, जिसे युक्ता (Zygote) कहते हैं। युक्ता का निर्माण पुरुष के शुक्र और स्त्री के अण्ड से होता है। गर्भाधान के समय स्त्रावित हुआ अण्ड गर्भाधान–नाल के द्वारा गर्भाशय में पहुंचता है और वहां उसका शुक्र से संयोग होता है।

इस प्रकार पिता और माता दोनों के दायुज्यन (Fussion) से निषेचन (Fertilization) क्रिया सम्पन्न होती है और तब भ्रूण (Embyroo) का प्रारम्भिक स्वरूप बनता है। इस स्थिति में युक्ता का भ्रूणकोष के रूप में परिवर्तन हो जाता है।

शुक्र और अण्ड, दोनों ही बीजकोष के रूप में होकर कुछ विशिष्ट गुणों और दोषों के वाहक होते हैं और ये सभी गुण–दोष भ्रूण में अवस्थित होकर जन्मोपरान्त वंशानुक्रम कहे जाते हैं।

किसी भी व्यक्ति के गुण, ऊर्जा, आभा केवल उसके माता–पिता से नहीं, वरन् उसके पूर्वजों से भी संक्रमित होकर आते हैं। यह भी एक ऐसा कारण है, जिससे सन्तान हू–ब–हू अपने माता–पिता के समान ही नहीं हो पाती, वरन् उसमें रूप, गुण, ऊर्जा, आभा आदि का अन्तर प्रत्यक्ष देखा जाता है, क्योंकि बहुत बार अनपढ़ माता–पिता की सन्तान सुशिक्षित और विद्वान् माता–पिता की सन्तान मूर्ख होती देखी गई है।

स्पष्ट है कि कहीं–न–कहीं आभा (AURA) माता–पिता अथवा पूर्वजों से प्रभावित रहती है।

आभा की व्यापकता

मानव मात्र ही नहीं, सृष्टि का कण–कण आभा (AURA) से युक्त है। सूर्य और चन्द्रमा की आभा से सभी परिचित हैं। सूर्य की आभा ही इन्द्रधनुषी रंगों की सूत्रधार है। सूर्य की आभा से पृथ्वी पर बीज

चटकते हैं, पौधे–वृक्ष उगते हैं, कलियां चटककर फूल बनती हैं। सूर्य की आभा से ही वनस्पति–जगत का अस्तित्व कायम है। फसलें, अन्न, अनाज, फल, सब्जियां सभी सूर्य की आभा (AURA) के चलते ही रूप ग्रहण कर पाती हैं। सूर्य की आभा से ही प्रकाश ग्रहण कर चन्द्रमा चमकता है।

स्कैन्थरस ज़ैन्थरस नाम की एक मछली दिन में चटकीले नीले रंग की आभा (AURA) से युक्त होती है, रात को चटकीली सफेद आभायुक्त हो जाती है। यह मछली हिन्द और प्रशान्त महासागर में पाई जाती है।

समुद्र–मन्थन से निकले कल्पवृक्ष की आभा से सभी परिचत हैं। ऐसा माना जाता है कि यह वृक्ष मनोवांछित फल देता है, लेकिन विज्ञान ने समुद्र–मंथन की बात को काल्पनिक करार दिया है।

रुद्राक्ष, पीपल, बरगद, बाओबाव आदि वृक्षों की महत्ता से सभी परिचित हैं। इनका महत्त्व इनकी आभा के चलते ही है।

विभिन्न–रंगी गुलाब के फूलों की आभा सभी को पसंद है, वहीं कंटीले कैक्टस भी किसी से कम नहीं।

'गोमियर–ट्री' (Gomier-Tree) या 'गम–एलीमी–ट्री' (Gum-ellemi-Tree) के तने पर लगी सूखी गोंद ही उसकी 'आभा' है। इस गोंद को केले, खजूर या नारियल आदि के सूखे पत्ते में लपेटकर आग लगा दें। सफेद 'लौ' के साथ गोंद जलने लगेगी और आसपास तेज रौशनी फैल जाएगी। इस आग पर तेज वर्षा और आंधी का भी असर नहीं होगा।

चीनी जड़ी गिन्सेंग (Ginseng) के गुण भी उसकी आभा (AURA) का ही दर्पण हैं। गिन्सेंग की जड़ की चाय पीने से थकान पास नहीं फटकती, बुढ़ापा दूर रहता है, मानसिक शक्ति और आयु में वृद्धि होती है। ईसा से 500 साल पहले चीन के महान दार्शनिक कनफ्यूशियस (Confucious) ने भी गिन्सेंग के चमत्कारिक आभायुक्त गुणों की चर्चा की थी। रूसी और चीनी वैज्ञानिकों ने गिन्सेंग की जड़ से पैनाक्विलोन (Panguilon) नामक रसायन पृथक किया है। यह रसायन शरीर में हार्मोन्स (Hormones) की मात्रा बढ़ा देता है। इसके इन्हीं गुणों के कारण चीन के एक सम्राट ने इसकी एक जड़ मन्चूरिया से दस हजार डालर में मंगवाई थी।

इस तरह पृथ्वी के कण–कण में आभा विद्यमान है।

देश–राष्ट्रों–राज्यों की ख्याति अथवा क्रूरता भी उनकी आभा है।

अमेरिका की विश्व प्रसिद्धि उसकी आभा (AURA) है। भारत की आध्यात्मिकता, दर्शन और संस्कृति उसकी आभा है। चीन की दीवार चीन की आभा है। रेगिस्तान की गर्मी वहां की आभा है, वहीं ध्रुवों की शीतलता उनकी आभा (AURAS) हैं।

यह एक चिन्तन का विषय•हो सकता है। चिन्तन (Thinking) करते जाइये, आपको आभा (AURA) की निरंतरता दृष्टिगोचर होगी–हर ओर, जड़–चेतन, चल–अचल, जीव–निर्जीव...सभी में।

आभा का विकास कैसे करें

पिछले अध्यायों के अध्ययन से पाठक आभा के महत्त्व और उपयोगिता के बारे में जान–समझ गए होंगे। व्यक्ति स्वयं आभा (AURA) को विकसित कर अपने व्यक्तित्व में चार चांद लगा सकता है।

प्रतिदिन आपकी आभा घटती–बढ़ती रहती है। बाहरी प्रभावों से भी आपकी आभा (AURA) प्रभावित होती है। मानसिक उतार–चढ़ाव, कमज़ोरी, बीमारी, भावनात्मक असंतुलन सभी का कारण आपकी आभा (AURA) से जुड़ा है। इन सबके पीछे कारण है–आपकी आभा (AURA) का बाहरी आवरण से प्रभावित होना।

आज की दौड़–भाग भरी ज़िंदगी भी मनुष्य की आभा (AURA) को प्रभाविंत करती है। तेज़ आवाज़ें, अप्राकृतिक परिवेश, भौतिक संसाधन, टी. वी., रेडियो, विद्युत–संयंत्र इत्यादि सभी कुछ आभा (AURA) को न्यूनाधिक्य प्रभावित करते हैं।

आप हजारों की भीड़ के सामने मंच पर भाषण दे सकते हैं? अपने अधिकारी की आंखों में आंखें मिलकर बात कर सकते हैं? इन्टरव्यू के वक्त घबराहट पर काबू रख सकते हैं? क्या कभी–कभी आप हीनभावना से ग्रसित होते हैं?

पहली बार मंच पर भाषण देने में लोग प्रायः घबरा उठते हैं। अपने अधिकारी को देख अधिकांश लोग कन्नी काट जाते हैं। इन्टरव्यू के समय घबराहट पर काबू रख पाना भी हर किसी के वश की बात नहीं। हीनभावना

भी कभी–न–कभी अधिकांश व्यक्तियों को ग्रसित करती है।

यह सब व्यक्ति की कमज़ोरियां हैं। कमज़ोर आभा (AURA) के चलते ही ऐसा होता है। व्यायाम का अभाव, असंतुलित भोजन, मादक पदार्थों का सेवन इत्यादि के कारण व्यक्ति अपनी आभा (AURA) को अपेक्षित निखार नहीं दे पाते।

तनाव, काम का बोझ, चिन्ताएं, भय तथा इसी तरह की अन्य नकारात्मक संवेदनाओं से मनुष्य का आभा–क्षेत्र प्रभावित होता है। कमज़ोर आभा के कारण व्यक्ति की ऊर्जा का भी ह्रास होता है। इस तरह के व्यक्ति का आभा–क्षेत्र (चित्र देखें) भी संकुचित और विवर्ण दृष्टिगोचर होगा।

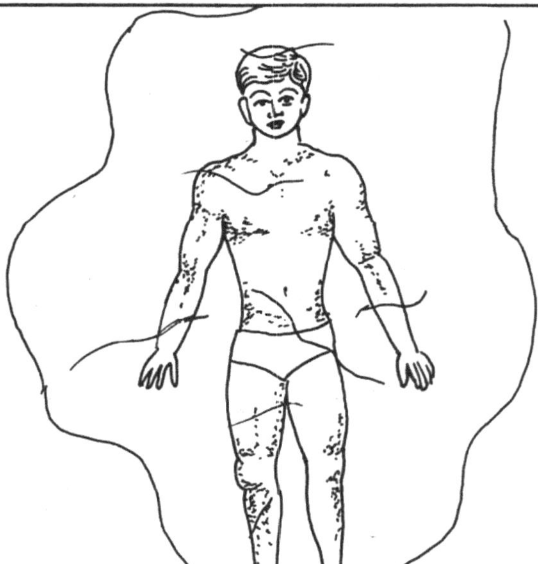

कमज़ोरियों के कारण असंतुलित आभा-क्षेत्र

आभा आध्यात्मिक वातावरण में भी परवान चढ़ती है। दूसरे शब्दों में कहें तो आभा (AURA) अध्यात्म का ही प्रतिरूप है, जो किरण–पुंज के रूप में मानव–शरीर से निकलता है। योग, अध्यात्म से आभा को निखारा जा सकता है, व्यक्तित्व को संवारा जा सकता है।

योग द्वारा आभा-वृद्धि

योग के आठ अंग हैं–(1) यम, (2) नियम, (3) आसन, (4) प्राणायाम, (5) प्रत्याहार, (6) धारणा, (7) ध्यान और (8) समाधि।

1. यम

आत्मनियन्त्रण अर्थात् इन्द्रिय–संयम का नाम यम है, जिसके अन्तर्गत निम्नलिखित तत्व आते हैं :

(क) **अहिंसा**–किसी भी जीव को किसी भी प्रकार का कष्ट न पहुंचाना।

(ख) **सत्य**–धर्म–अधर्म का विचार करते हुए यथार्थ वचन कहना।

(ग) **अस्त्रेय**–दूसरों के पदार्थों के बलपूर्वक हरण का नाम स्त्रेय है और इसके विपरीत आचरण करना अस्त्रेय कहलाता है।

(घ) **ब्रह्मचर्य**–आठों प्रकार के (चर्चा, दर्शन, श्रवण, चिन्तन तथा एकान्त–मिलन आदि) मैथुनों अर्थात् सभी प्रकार के संगों का त्याग।

(ङ) **अपरिग्रह**–घोर से घोर विपत्ति के समुपस्थित होने पर भी किसी के द्रव्य को हड़पने की चेष्टा न करना।

(च) **अक्रोध**–अपने समुत्कर्ष के लिए निष्ठुर भाषण का नाम क्रोध है और उसका परिहार करते हुए मृदु, मधुर, श्रुतिप्रिय भाषण का नाम ही अक्रोध है। सहिष्णुता के भाव को भी अक्रोध कहा जा सकता है।

(छ) **असूया**–दूसरों के ऐश्वर्य को देख मन में जलने–कुढ़ने की अपेक्षा प्रसन्नता अनुभव करना।

2. नियम

शास्त्रोक्त विधि–विधान के अनुसार जीवन–यापन करने का नाम ही नियम है, इसके अन्तर्गत् निम्नोक्त विधान समाहित हैं :

(क) **तपश्चर्या**–शरीर के मलों को शोषण करने के लिए व्रत–उपवास–यज्ञ आदि अनुष्ठान करना।

(ख) **स्वाध्याय**–प्रणव (ओंकार) तथा द्वादशाक्षर (ओं नमो भगवते वासुदेवाय) अथवा अष्टाक्षर (ओं नमो नारायणाय) का जाप और उपनिषद् आदि शास्त्रों का अध्ययन करना। स्वाध्याय के अन्तर्गत् जाप तीन प्रकार का होता है :

(*i*) **वाचिक**–मंत्र के अक्षरों का सुस्पष्ट रूप से और उच्च स्वर में इस प्रकार उच्चारण करना कि वह सर्वजन श्राव्य हो।

(ii) **उपांशु**—मन्त्र के प्रत्येक अक्षर और पद की शुद्धता—अशुद्धता का विचार करते हुए मन्दध्वनि से विवेक और धैर्यपूर्वक उच्चारण उपाशुंजाप कहलाता है। यह जाप इतने मन्द स्वर में किया जाता है कि ओष्ठ तो हिलते हैं, परन्तु दूसरों को सुनाई कुछ नहीं देता।

(iii) **मानस**—मन्त्र के प्रत्येक अक्षर अथवा पद के अर्थ का मनन करते हुए बिना ध्वनि किए सुस्पष्ट और सतर्क भाव से उच्चारण करना मानस जाप है। इस जाप में ओष्ठ भी बन्द रहते हैं। कई बार अभ्यस्त योगी दूसरों से बात करते हुए भी मानस—जाप कर रहा होता है। वाचिक से उपांशु और उपांशु से मानस उत्तरोत्तर श्रेष्ठ होता है। मानस—जाप से शीघ्र ही अभीष्ट—सिद्धि होती है।

(ग) सन्तोष—सत् साधना से किए जानेवाले उचित उद्योग के फलस्वरूप प्रारब्ध (भाग्य) से हुई प्राप्ति से मन को संतुष्ट रखना।

(घ) शौच—*(i)* मृतिका, जल आदि से शरीर को शुद्ध करने का नाम बाह्य शुद्धि तथा,

(ii) दुर्बलताओं पर विजयी होकर भावशुद्धि रखना आन्तरिक शुद्धि कहलाती है।

भावशुद्धि के बिना कोई भी कर्म सफल नहीं होता। इस रूप में उसका महत्त्व असंदिग्ध रूप से अत्यधिक है। बाहर से उजला और भीतर से मैला व्यक्ति मदिरा से भरे सुन्दर कलश के समान अपवित्र, परिहार्य एवं निन्दनीय है।

3. आसन

एक निश्चित स्थान पर निश्चित विधि से निश्चित समय के लिए ध्यान—मुद्रा में बैठने का नाम आसन है। योगसिद्धि और आभा—वृद्धि के लिए निरूपित तीस आसन निम्नलिखित हैं :

(1) पद्म (2) स्वस्तिक (3) पीठ (4) सिंह (5) कुक्कुट (6) कुञ्जर (7) कूर्म (8) वज्र (9) वराह (10) मृग (11) चैलिक (12) क्रौंच (13) नालिक (14) वृषभ (15) नाग (16) मत्स्य (17) सर्वतोभद्र (18) व्याघ्र (19) अर्धचन्द्र (20) दण्डवात (21) शैल (22) स्वभु (23) मुद्गर (24) मकर (25) त्रैपथ (26) काष्ठ (27) वैकार्णिक (28) स्थाणु (29) भीम और (30) वीर।

इनमें से स्वेच्छा से कोई भी आसन अपनाया जा सकता है।

4. प्राणायाम

कोलाहल से दूर नितान्त एकान्त स्थान पर किसी आसन पर आसीन हो प्राणवायु पर विजय प्राप्त करना अर्थात् शरीर में आयात वायु का निग्रह करना प्राणायाम (प्राणों का आयाम) कहलाता है। इसके दो भेद हैं :

(*i*) **अगर्भ**–प्राणवायु का बिना ध्यान–जाप किए ही विरोध करना।

(*ii*) **सगर्भ**–प्राणों का आयाम करके ध्यान–जाप करना।

योगियों ने सगर्भ प्राणायाम के चार प्रकार स्वीकार किये हैं :

(क) **रेचक**–शरीर के दक्षिण भाग में स्थित नाड़ी पिंगला, वाम भाग में स्थित नाड़ी इड़ा तथा दोनों पिंगला और इड़ा के मध्य–भाग में स्थित नाड़ी सुषुम्ना कहलाती है। पिंगला में प्राण वायु को रोककर इड़ा से निकालने का नाम रेचक प्राणायाम है।

(ख) **पूरक**–इड़ा से वायु को खींचकर पिंगला में भर लेने और रोक लेने का नाम पूरक प्राणायाम है।

(ग) **कुम्भक**–भरी हुई वायु को वश में करके रोके रखने अर्थात् कलश में अवस्थित करने का नाम कुम्भक है।

(घ) **शून्यक**–बाहर की वायु का ग्रहण न करने का तथा भीतर की वायु को रोके रखने का नाम शून्यक प्राणायाम है।

5. प्रत्याहार

नाना विषयों में आसक्त इन्द्रियों को पराङ्मुख करके मन को ब्रह्म में स्थिर करना प्रत्याहार कहलाता है।

इन्द्रियों को वश में तथा मन को स्थिर किए बिना सिद्धि सुलभ नहीं होती।

6. धारणा

विषयों से इंन्द्रियों के प्रत्याहृत किए जाने पर उन्हें दृढ़तापूर्वक इस स्थिति में अर्थात् अन्तर्मुखी बनाए रखने का नाम धारण अथवा धारणा है।

7. ध्यान

इन्द्रियों के प्रत्याहृत और वृत्तियों के अन्तर्मुखी हो जाने पर अच्युत भगवान् श्री नारायण के दिव्य स्वरूप का स्थिर, एकाग्र तथा सातत्य भाव से चिन्तन ध्यान कहलाता है।

8. समाधि

वायुरहित स्थान में दीपक की 'लौ' के समान ध्येय–स्वरूप में निर्विकल्प भाव से चित्त को इस प्रकार से स्थिर करना कि जिससे ध्याता, ध्येय और ध्यान तीनों एकरूप हो जाएं और कुछ भी अन्यानुसंधान न रहें। सुषुप्ति के समान इन्द्रियों की उपरति और परमानन्द की प्राप्ति की स्थिति समाधि है। इस अवस्था में सुनने, देखने, छूने तथा सूंघने आदि की क्रियाएं स्थगित हो जाती हैं। केवल विशुद्ध निर्मल, सर्वोपाधि–विवर्जित तथा परमृतत्व रूप परमात्मा का ही भास होने लगता है।

इस अष्टांग योग को अपनाने वाला व्यक्ति शीघ्र ही आभावान बन जाता है।

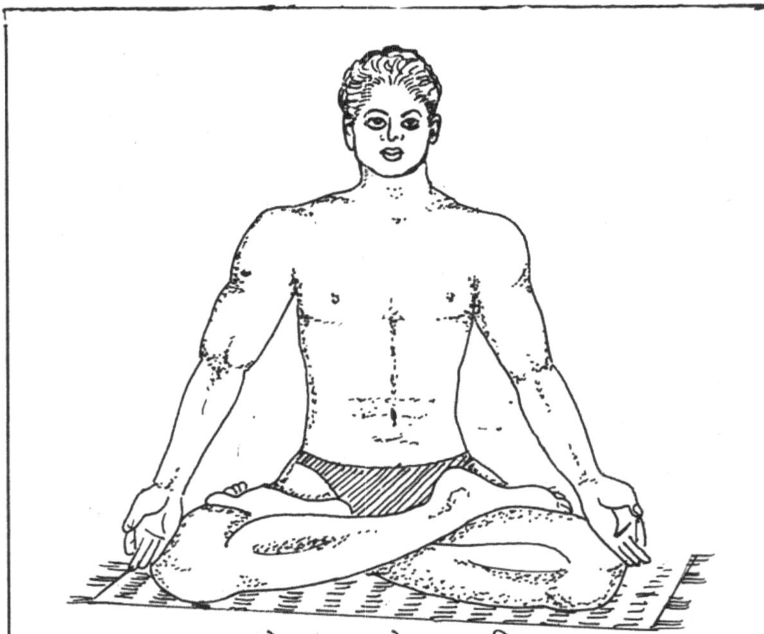

योग-साधना से आभा-वृद्धि

मंत्रों द्वारा आभा-वृद्धि

भारत भूमि के कण–कण में धर्म–अध्यात्म दैदिप्यमान है। जन्म से लेकर मृत्यु तक धार्मिक अनुष्ठान, यज्ञ–हवन आदि करने का विधान है।

मंत्रों में बहुत ताकत होती है। ऋषि–मुनि मंत्र–शक्ति से कठिनतम कार्य भी सहज ही कर दिया करते थे। विज्ञान भी मंत्र–शक्ति में विश्वास करती है।

'ओउम्' (OHM) शब्द का जाप कीजिये। इस एक शब्द में सारा ब्रह्माण्ड समाया है। विधि–विधान से 'ओउम्' का उच्चारण यदि किसी दीवार के सामने किया जाए, तो वह दीवार चूर–चूर हो सकती है।

इस शब्द में चुम्बकीय शक्ति छिपी है। ज्यों–ज्यों आप 'ओउम्' शब्द की सम्पत्ति का संग्रह बढ़ाते जायेंगे, आपके व्यक्तित्व में चुम्बकीय आकर्षण का धन बढ़ता जायेगा। आपकी आभा (AURA) दैदिप्यमान हो उठेगी।

हमारे प्राचीन ग्रन्थों में मंत्रों की शक्ति के अनगिनत उदाहरण भरे पड़े हैं। एक उदाहरण पठनीय है :

महाराज कुन्ति भोज के दरबार में एक बार महर्षि दुर्वासा पधारे। महर्षि की सेवा–सुश्रुवा के लिए कुन्तिभोज ने अपनी पुत्री कुन्ती को नियुक्त किया। कुन्ती ने महर्षि की जी–जान से सेवा की। प्रस्थान के समय महर्षि दुर्वासा ने कुन्ती से वर मांगने को कहा, लेकिन कुन्ती ने विनयपूर्वक अस्वीकार कर दिया। तब दुर्वासा ने प्रसादस्वरूप कुन्ती को अथर्ववेद का एक गुप्त मन्त्र दिया और कहा–

यदि नेच्छसि मत्तस्त्वं वरं भद्रे शुचिस्मिते।
इमं मन्त्र गृहाणत्वमह्वानायादवौकसाम॥
यं यं देवं त्वमेतेन मन्त्रेणावाहयिष्यसि।
तेन तेन वशे भद्रे स्थातव्यं ते भविष्यति॥

दुर्वासा कुन्ती से बोले–"हे बेटी! यदि तू मुझसे वर नहीं मांगती तो इस दिए हुए मन्त्र को तू ग्रहण कर। इसके प्रभाव से तू जिस–जिस देवता का आवाहन करेगी वह अवश होकर तुम्हारे सामने उपस्थित हो जाएगा।"

कुन्ती ने मंत्र की सत्यता परखने के लिए भगवान् सूर्य देव का आवाहन किया तो वे आ प्रकट हुए। कुन्ती घबरा उठी। उसने क्षमा याचना की और सूर्य को लौट जाने को कहा।

भगवान् सूर्य देव बोले–"यह मंत्र अमोघ है देवि, मैं लौट नहीं सकता।"

इसके बाद क्या हुआ, पाठक जानते ही हैं। कर्ण का जन्म एक अमोघ मन्त्र के कारण ही सम्भव हुआ था।

नमः तुभ्यं विरुपाक्ष! सर्वतः अनन्त चक्षुषे।
नमः पिनाकहस्ताय वज्रहस्ताय धन्विने॥

हे सौंदर्य निधान! हे अनन्त नेत्रधारी! हे पिनाकधारी! हे वज्र एवं धनुर्धारी, करुणावतार भगवान् शंकर! आपको हमारा बारम्बार प्रणाम।

उपर्युक्त मन्त्र का ब्रह्ममुहूर्त में नियमपूर्वक 108 बार जप कीजिये, फिर देखिए आपकी आभा (AURA) का चतुर्दिक निखार।

नमो ऽस्मि पद्मनाभ! तवां सुरशक्र जगदगुरो!
कल्पान्ताम्भोद निर्घोष! सूर्य कोटि सम प्रभ ॥

हे अपनी नाभि से कमल को उत्पन्न करने के रूप में सम्पूर्ण सृष्टि के विधाता! हे संसार के लिए ज्ञान, शिक्षा तथा विद्या के प्रकाशक! हे कोटि–कोटि सूर्यों के समान कान्ति वाले! हे कल्पान्त में सम्पूर्ण सृष्टि का अपने में संवरण करने वाले नारायण। आपको मेरा कोटि–कोटि नमन!

यह मन्त्र नियमित जपिए। आपका कायाकल्प हो जाएगा। दृढ़ संकल्प रखिये। इसे मूलमंत्र के रूप में अपनाइये॥

महाराज हरिश्चन्द्र ने हर तरह के कष्ट सहे, लेकिन विचारों में लड़खड़ाहट न आने दी। अपने मार्ग पर डगमगाये नहीं। यही दृढ़ संकल्प ध्रुव में था। एक टांग पर खड़ा होकर वह तप करता रहा। आवाज़ आई– ''मांग क्या मांगता है?'' ध्रुव ने कहा–''प्रभो! मैं व्यापारी नहीं। मैं व्यापार करने नहीं आया, तेरा दर्शन पाने आया हूं। इसके सिवा और कुछ नहीं चाहता।'' और यही संकल्प बालक मूलशंकर में था। घर में किसी वस्तु की कमी नहीं थी, परन्तु दृढ़ संकल्प कर लिया कि सच्चे शिव के दर्शन पाऊंगा। और वह सफल हुआ।

चरित्रवान बनिए। कठोपनिषद् में चरित्र के महत्त्व को इस प्रकार रेखांकित किया गया है :

नाविरतो दुश्चरितान्नाशान्तो नासमाहितः।
नाशान्तमानसो वापि प्रज्ञानेनैनमाप्नुयात ॥

चाहे तुम कितना धन कमा लो, कितने ही विद्वान बन जाओ, चाहे कितनी ही भाषाएं सीख लो, कितनी ही उपाधियां प्राप्त कर लो, कितने ही शास्त्र पढ़ लो, वेदपाठी बन जाओ, परन्तु यदि तुम्हारा चरित्र उत्तम नहीं, तो सुनो! सुनो ऐ संसार के लोगों! तुम्हारा मूल्य दो कौड़ी भी नहीं।

चरित्रवान व्यक्ति की आभा का आलोक अलग ही दैदिप्यवान होता है।

युक्ताहारविहारस्य युक्तयेष्टस्य कर्मसु।
युक्तस्वप्नावबोधस्य योगो भवति दुःखहा॥

उचित भोजन खाओ। जीने के लिए खाओ, खाने के लिए मत जीओ। ये जो ऋषि–मुनि पर्वतों की गुफाओं में बैठे रहते है, वे कांति–आभा से दैदिप्यवान रहते हैं, लम्बी आयु पाते हैं तो उचित आहार–विहार से ही।

आहार शुद्धो सत्वशुद्धिः सत्वशुद्धो ध्रुवा स्मृतिः।
स्मृतिलाभे सर्वग्रन्थीनां विप्रमोक्षः॥

आहार शुद्ध तो बुद्धि शुद्ध होती है, बुद्धि के शुद्ध होने से स्मृति शुद्ध होती है, स्मृति के शुद्ध होने के सभी गांठें खुल जाती हैं अर्थात् सन्देह दूर हो जाते हैं और मोक्ष तक पहुंचा जा सकता है।

मोक्ष तक वही पहुंच सकता है, जिसकी आभा निर्मल हो, दैदिप्यवान हो। उचित आहार–विहार से आभा (AURA) को निर्मल बनाइये।

एकमनेकार्थभवस्थितं चित्तम्।

एक ही समय में अकेला ही जो बहुत स्थानों पर विद्यमान रहता है, वह चित्त है।

चित्त सबसे बड़ी बाधा है–आभा के विकास–वृद्धि में। प्रायः हम कहते हैं कि मन तो बन्दर की भांति चंचल है, परन्तु बेचारे बन्दर की चंचलता इस मन के सामने क्या है? बन्दर जाता है वृक्ष पर, उसकी शाखाओं पर, मकान पर, उसकी दीवारों और छतों पर, परन्तु यह मन अभी यहां है, पलभर में बम्बई, कलकत्ता, लन्दन, न्यूयॉर्क, मास्को, शंघाई, रंगून, चन्द्रलोक, सूर्यलोक, मंगल, शुक्र! एक क्षण में कहां से कहां।

जो एक होते हुए भी अनेक स्थानों पर रहता है, उसे टिकाएंगे किस प्रकार?

हमारे ऋषि–मुनियों ने उसका भी समाधान खोज निकाला था। चित्त के सम्बन्ध में अन्वेषण कर उन्होंने कहा–**तत्प्रतिषेधार्थमेक तत्त्वाभ्यासः**। अर्थात् "इस चित्त को टिकाने का, इसकी चंचलता दूर करने का साधन है–एक तत्त्व का अभ्यास।" संसार में कई लोग 25 तत्व मानते हैं, कई 12 मानते हैं, कई पांच। परन्तु यह एक तत्व क्या है? यह एक तत्व है ब्रह्म–तत्व और ब्रह्म–तत्व के सम्बन्ध में ऋषियों ने कहा–**तस्य वाचकः प्रणवः**। उसका वाचक ओउम् है।

ओउम् के नाम के अभ्यास का अर्थ क्या है? पाठकों के सामने यह प्रश्न पैदा हो सकता है। इसका उत्तर है–यह कि उसी का ध्यान करो। उठते–बैठते, चलते–फिरते, हर समय 'ओउम्' का ध्यान करो। प्रत्येक स्थान पर उसी की शक्ति देखो। उसी के सौंदर्य को निहारो। उसी की महिमा का अवलोकन करो। उसी के विस्तार को देखो और जब किसी एकान्त–शान्त स्थान में सिंहासन, पद्मासन या कोई दूसरा आसन लगाकर बैठो तो माथे के भीतर आज्ञाचक्र में, वक्ष–स्थल के भीतर हृदय–चक्र में या किसी भी दूसरे स्थान पर, जहां ध्यान टिके, ओउम् का ध्यान करो। निरंतन यह अभ्यास करते रहो, अन्ततः चित्त टिक जाएगा। यह है एक तत्व का अभ्यास। इस अभ्यास के बिना चित्त में एकाग्रता नहीं आती। एकाग्रता के अभाव में आभा (AURA) का परास (Range) विस्तीर्ण नहीं हो पाता। वह घटता–बढ़ता रहता है। दूसरे व्यक्तियों की आभाओं (AURAS) से प्रभावित होता रहता है।

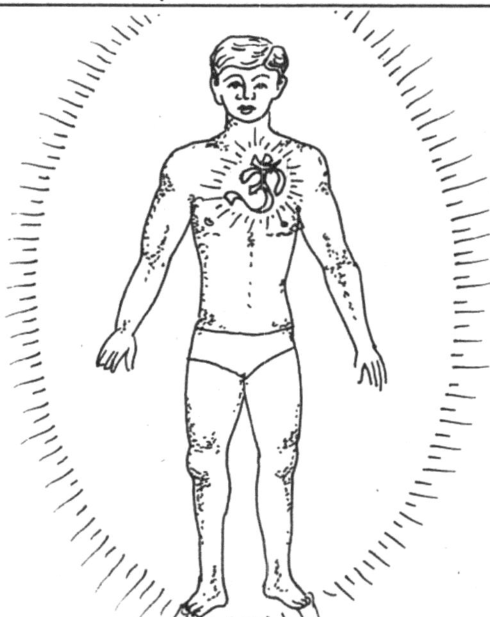

ओउम् की शक्ति से आभा का विकास

पाश्चात्य विद्वानों ने भी 'ओउम्' की शक्ति से आभा (AURA) के विकास का समर्थन किया है। हमारे प्राचीन धार्मिक ग्रन्थों में भी 'ओउम्' को सर्वशक्तिमान कहा है। तैत्रिरीय उपनिषद् में कहा गया है :

ओमिति ब्रह्म। ओमितीदं सर्वम्। ओमित्येतदनुकृतिः।

ओउम् ही ब्रह्म है। ओउम् ही सब–कुछ है। जो दिखाई देता है, सुनाई देता है, सुझाई देता है और जो विद्यमान है, ओउम् की ही कृपा है यह सब। ये मनुष्य और पशु–पक्षी, पर्वत और सागर, फूल और पत्ते, वृक्ष और बेलें, औषधियां और बवण्डर, लहलहाते खेत, झूमते हुए उद्यान, इनके प्रत्येक पत्ते, पुष्प, प्रत्येक वस्तु में उसकी शक्ति कार्य कर रही है। उसके बिना और किसी की शक्ति नहीं।

वेदों में प्रत्येक स्थान पर प्रसन्नता के लिए ही प्रार्थना है। 20,300 मंत्र हैं वेद भगवान् में। किसी एक मंत्र में भी रोने की बात नहीं लिखी। स्थान–स्थान पर यही लिखा है–मस्त रहो, प्रसन्न रहो, हंसते रहो।

चिन्ता, तनाव, ईर्ष्या, क्रोध, द्वेष ये समस्त भावनाएं आभा (AURA) को घटाती ही हैं।

वेद में कहा गया है–**विश्वदानिं सुमनसा स्याम**। अर्थात् "हे प्रभो! ऐसी कृपा करो कि मैं सदा प्रसन्न मन वाला बना रहूं।"

जब भी समय मिले खूब हंसो। कोई स्थान न मिले तो स्नानगृह में ही जाकर खुलकर हंसो, परन्तु दिन में एक बार हंसो अवश्य। खूब ज़ोर से, पूर्ण शक्ति के साथ हंसो। शरीर में 72 करोड़, 72 लाख, 10 हज़ार दो सौ एक नाड़ियां हैं। ध्यानावस्था के अनुसंधान–भवन में जाकर हमारे ऋषियों ने एक–एक नाड़ी के कार्य को देखा है। ये नाड़ियां ठीक प्रकार से कार्य उस समय करती हैं, ज़ब इन्हें साफ रखा जाए। परन्तु इन्हें स्वच्छ करने का कार्य कौन करे ? अन्दर कोई म्युनिसिपल कमेटी अथवा कारपोरेशन तो है नहीं जो स्वच्छता का काम करते रहें। व्यायाम करो तो भी ये नाड़ियां स्वच्छ नहीं होतीं, दौड़ लगाने से भी नहीं होती। हमारे जिन पूर्वजों ने ध्यानावस्था में पहुंचकर इन नाड़ियों को गिना, उन्होंने यह भी देखा कि एक उपाय है, जिससे ये सभी नाड़ियां खुल जाती हैं और स्वच्छ हो जाती हैं। विधि यह है कि मनुष्य 24 घण्टों में कम–से–कम एक बार खूब खुलकर हंसे। प्रतिदिन यदि कोई व्यक्ति ऐसा करे, तो प्रायः कोई रोग उसके निकट नहीं आयेगा।

अंग्रेजी में एक कहावत है :

When you weep your troubles heap,
Whey you smile your troubles reconcile,
When you laugh your troubles are off.

रोओ तो दुःख बढ़ते हैं, उनका ढेर लग जाता है, मुस्कराओ तो कुछ कम हो जाते हैं और हंसो तो समाप्त हो जाते हैं।

भगवान् कृष्ण ने इसलिए कहा :

**प्रसादे सर्वदुःखानां हानिरस्योपजायते।
प्रसन्नचेतसो ह्याशु बुद्धिपर्यवतिष्ठते॥**

प्रसन्न रहोगे तो तुम्हारे कष्ट–क्लेश दूर हो जाएंगे। प्रसन्न रहनेवाले की बुद्धि स्थिर हो जाती है, उसका ध्यान लग जाता है।

हंसने, प्रसन्न रहने से मनुष्य की आभा (AURA) भी तद्नुसार प्रफुल्लित–प्रबल रहती है।

अपनी आत्मा को जानिए। आत्मिक ज्ञान को विकसित कीजिये। यह आभा (AURA) के विकास की असाधारण कुंजी (Key) है। जो व्यक्ति आत्मिक ज्ञान को प्राप्त कर लेता है, उसके अन्तःकरण–मन, बुद्धि, चित्त और अहंकार का तीसरा दोष 'आवरण' भी समाप्त हो जाता है। निष्काम सेवा से मल–दोष, उपासना से विक्षेप–दोष और ज्ञान से आवरण–दोष दूर हो जाएं तो निश्चित जानिए कि आपकी आभा (AURA) भीड़ में अलग पहचानी जाएगी, जैसे कौओं के बीच हंस। उपनिषद् के एक ऋषि ने लिखा है :

**सत्येन लभ्यस्तपसा ह्येष आत्मा,
सभ्यग्ज्ञानेन ब्रह्मर्येण नित्यम्।
अन्तःशरीरे ज्योतिर्मयो हिशुभ्रो,
यं पश्यन्ति यतयः क्षीणदोषाः॥**

सत्य, तप, सम्यग्ज्ञान और ब्रह्मचर्य–इनके मार्ग पर चलने और अन्तःकरण के दोषों के दूर होने के पश्चात् कहीं बाहर या दूर नहीं, अपितु इसी शरीर में वह महान ज्योतिस्वरूप (आभा स्वरूप) दृष्टिगोचर होता है।

आत्मा (आभा) के लिए किसी वन में जाने, किसी तीर्थ पर पहुंचने अथवा किसी मन्दिर में ढूंढ़ने की आवश्यकता नहीं। तिलों में जैसे तेल रहता है, दही में घी रहता है, झरने में जल रहता है और लकड़ी में

जैसे अग्नि रहती है, वैसे ही इस आत्मा में आभा (AURA) रहती है। सत्य और तप आदि मार्ग पर चलने वाले उसे प्राप्त करते हैं।

वेनस्तत् पश्यन्निहितं गुहा सद्यत्र विश्वं भवत्येकनीडम्।

हृदय की गुफा में बैठा है वह (आभा)। वहां पहुंचकर ही उसे देखा जाता है।

यह आत्मा (आभा) है क्या? यह प्रश्न कभी महाराज जनक ने महर्षि याज्ञवल्क्य से पूछा था। महर्षि के पास जाकर जनक ने कहा–"महात्मन्! बतलाइये, अमुक व्यक्ति किस ज्योति (आभा) वाला है? किस ज्योति (आभा) से कार्य लेता है, देखता है और कार्य चलाता है?"

याज्ञवल्क्य ने कहा–"यह तो बिल्कुल बच्चों–जैसी बात पूछी आपने महाराज! प्रत्येक व्यक्ति जानता है कि मनुष्य सूर्य की ज्योति (आभा) से देखता है, उससे अपना कार्य चलाता है।"

जनक ने कहा–"और जब सूर्य न हो, तब?"

याज्ञवल्क्य जी बोले–"तब वह चन्द्रमा की ज्योति (आभा) से देखता और अपना कार्य चलाता है।"

जनक ने पूछा–"और जब चांद भी न हो, तब?"

याज्ञवल्क्य जी बोले–"तब वह अग्नि के प्रकाश (आभा) से देखता है, उससे अपना कार्य चलाता है।"

जनक ने पूछा–"और जब अग्नि भी न हो, तब?"

याज्ञवल्क्य जी बोले–"तब वह वाणी के प्रभाव (आभा) से देखता है, उससे अपना कार्य चलाता है। रात्रि हो गई, सूर्यास्त हो गया। चन्द्रमा अभी निकला नहीं। कोई दीपक नहीं। पूर्ण अन्धकार का साम्राज्य है और यात्री खो गया है, एक विशाल जंगल में। तब वह आवाज़ देकर पूछता है–'कोई है? मुझे मार्ग बताओ।' और दूर खड़ा कोई व्यक्ति कहता है–'यहीं चले आओ यात्री! जहां मैं बुलाता हूं।' यात्री उस ध्वनि का सहारा लेकर वहां पहुंच जाता है। तब वाणी ही उसकी ज्योति है, आभा है। उसी से वह कार्य चलाता है।",

जनक ने पूछा–"और जब वाणी भी न हो महाराज, तब?"

याज्ञवल्क्य जी ने कहा–"तब आत्मा ही उस व्यक्ति की ज्योति (आभा) है। उसी से वह अपना कार्य चलाता है।"

एक बार मैं (लेखक) ऋषिकेश में लक्ष्मण झूला में ठहरा हुआ था।

एक दिन पहाड़ों पर चढ़ता हुआ मैं दूर चला गया। देखा कि सामने एक पतला मार्ग जाता है। एक ओर एक झोंपड़ी बनी है। झोंपड़ी के बाहर एक युवक बैठा है। मैंने उससे पूछा–"भाई यह मार्ग कहां जाता है?" उसने कोई उत्तर नहीं दिया। मैं उसके कुछ अधिक समीप पहुंचा और पूछा– "क्यों भई! तुम तो यहां रहते हो, यह पगडण्डी किधर जाती है?"

वह तब भी शान्त रहा, निश्चल मानो समाधिलीन हो। मैंने तीसरी बार ज़ोर से पूछा–"अरे भाई, कुछ तो बोलो! मैं कहता हूं कि यह मार्ग कहां जाता है?" वह फिर भी कुछ नहीं बोला। उसी समय झोंपड़ी के भीतर से एक व्यक्ति बाहर आ गया, बोला–"क्या बात है?"

मैंने कहा–"मैं इस युवक से कई बार पूछ चुका कि यह मार्ग कहां जाता है, किन्तु यह उत्तर ही नहीं देता।"

वह व्यक्ति बोला–"यह उत्तर कैसे दे? यह तो गूंगा है। सुनता भी नहीं, बहरा है, देखता भी नहीं, अन्धा है।"

मैंने आश्चर्य से कहा–"यदि यह बोलता नहीं, सुनता नहीं, देखता नहीं तो फिर अपना कार्य कैसे चलाता है?"

वह बोला–"प्रातः ठीक समय पर उठता है, पशुओं को चराने ले जाता है। उनके साथ–साथ जाता है, उनके साथ–साथ वापस आ जाता है। आज तक एक बार भी इसने भूल नहीं की।"

तब मुझे महाराज जनक और महर्षि याज्ञवल्क्य की यह कथा स्मरण हो आई, महर्षि याज्ञवल्क्य की यह बात भी कि अन्य कोई ज्योति (आभा) न हो, तब यह आत्मा ही मनुष्य की ज्योति (आभा) है।

परन्तु जनक सरलता से मानने वाले नहीं थे। उन्होंने जब सुना कि कोई अन्य ज्योति न हो तब आत्मा ही मनुष्य की ज्योति (आभा) है तो पूछा : **कतमात्मेति** (यह आत्मा क्या है)? तब याज्ञवल्क्य बोले–

योऽयं विज्ञानमयः प्राणेषु ह्यन्तर्ज्योतिः पुरुषः।

यह जो जीता–जागता, विज्ञान से भरपूर, प्राणों में संचार करता हुआ, हृदय के अन्दर ज्योति (आभा) बनकर बैठा हुआ पुरुष है, यही आत्मा (आभा) है। परन्तु यह जो सारे शरीर में अपनी ज्योति (आभा) पहुंचाता हुआ, प्राणों में व्याप्त हृदय में बैठा हुआ है, वह है कितना बड़ा? बहुत छोटा है वह।

श्वेताश्वतरोपनिषद् का ऋषि आत्मा के बारे में कहता है :

बालाग्रशतभागस्य शतधा कल्पितस्य च।
भागो जीवः स विज्ञेयः स चानन्त्याय कल्पते॥

बाल के अग्र भाग को सौ भागों में विभक्त कर दिया जाए और फिर उन सौ भागों में से एक के सौ भाग कर दिए जाएं तो उस भाग से भी छोटा–बहुत छोटा है यह आत्मा। इसका सूक्ष्म रूप वर्णनातीत है। उसकी कल्पना ही की जा सकती है, इतना छोटा है यह आत्मा।

आप कहेंगे, जब यह इतना छोटा है, तब हृदय–आकाश में उसे किस प्रकार खोजें? परन्तु जो वस्तु जितनी छोटी होती है, उतनी ही शक्तिशाली होती है। एटम बमों और हाइड्रोजन बमों ने अब यह बात सिद्ध कर दी है। यह आत्मा उन परमाणुओं से भी करोड़ों गुना छोटा है। उनसे भी करोड़ों गुना शक्तिशाली है। इस महान् शक्ति को भुलाकर जब तक मनुष्य संसार के ध्यान में लगा रहेगा, तब तक उसे शान्ति नहीं मिलेगी, सुख नहीं मिलेगा, उसकी आभा (AURA) का समुचित विकास नहीं होगा।

आभा के समुचित विकास के लिए आत्म-शुद्धि आवश्यक है

मनुष्य अपने बनाए संसार में उत्पन्न होता है। जैसा विचार उसका हो, जैसा संकल्प उसका हो, वैसा ही उसका संसार बन जाता है। दृढ़ संकल्पवाले, उत्तम विचारोंवाले बनो। तुम्हारी आभा (AURA) बनाने वाला कोई दूसरा नहीं, तुम स्वयं हो। अपनी मानसिक शक्ति को दृढ़ बनाओ। अपने अन्दर वह चुम्बकीय शक्ति उत्पन्न करो कि अच्छी बातें, श्रेष्ठ व्यक्तित्व, उत्तम वातावरण, अच्छा कर्मफल, सब तुम्हारी ओर खिंचते चले आएं। यह बात जिस व्यक्ति में होगी, वह जीवन के प्रत्येक क्षेत्र में सफलता प्राप्त करेगा। उसकी आभा (AURA) सुगन्ध की भांति स्वतः ही दिग्–दिगन्त में फैल जाएगी।

आभा और स्वास्थ्य

अच्छा स्वास्थ्य अच्छी आभा का प्रतिबिम्ब है।

प्रत्येक व्यक्ति की कामना होती है कि वह स्वस्थ रहे और लम्बी आयु जीए, किन्तु स्वास्थ्य के प्रति वह अपेक्षित सावधानी नहीं रखता, परिणामस्वरूप उसे बीमारियां आ घेरती हैं। बीमार व्यक्ति कोई कार्य ठीक से नहीं कर सकता। बीमारी शत्रु के समान है और जब कोई शत्रु शरीर में ही डेरा डाल ले तो भला निर्भय होकर कोई कार्य किया जा सकता है ?

अस्वस्थता की दशा व्यक्ति की आभा (AURA) को भी गंभीर रूप से प्रभावित करती है। व्यक्ति थका–थका–सा, बोझिल और बेदम–सा हो जाता है। आभा (AURA) क्या है ? व्यक्ति के शरीर से निकलने वाला तेज– जो किरणों/प्रकाश के रूप में निकलता है। सूर्य के प्रकाश से हमें विटामिन 'डी' मिलता है, शरीर को ताकत मिलती है–अर्थात् अच्छे प्रकाश से अच्छे तत्व मिलते हैं, इसी प्रकार अस्वस्थ मनुष्य के शरीर से निकलने वाली किरणें जब आसपास के व्यक्तियों पर पड़ती हैं, तो कमोबेश वह भी प्रभावित हुए बिना नहीं रहते और इनका नकारात्मक तत्वों के रूप में प्रभाव पड़ता है।

पिछले अध्यायों में हमने स्पष्ट किया है कि सृष्टि के प्रत्येक कण में आभा (AURA) विद्यमान है। अच्छी आभा से हमें अच्छे तत्व मिलते हैं, बुरी आभा से बुरे तत्व। अस्वस्थता भी विपरीत और नकारात्मक तत्वों वाली आभा (AURA) की उत्पत्ति करती है। यह तत्व किसी को भी लाभ नहीं पहुंचाते।

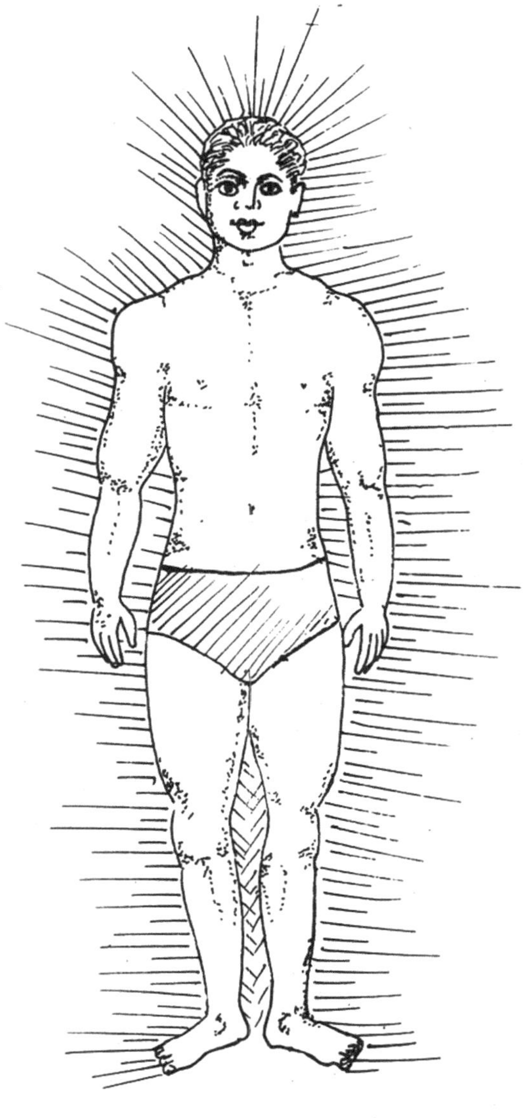

विभिन्न आभा-किरणें, विभिन्न बीमारियों को दर्शाती हैं

आप किसी अस्वस्थ व्यक्ति की आभा का आवरण देखें, यदि आभा (AURA) देखने–परखने में आप निपुण हैं तो स्वस्थ और अस्वस्थ आभाओं (AURAS) के बीच अन्तर को आप स्पष्ट देखेंगे। एक–एक मानसिक व शारीरिक असामान्यता का प्रभाव पड़ता है आभा (AURA) पर। सांसों की गति घटा कर देखें, गति बढ़ा कर देखें, हथेलियां रगड़कर देखें, थोड़ी देर दौड़ लगाने के बाद देखें, खाली पेट देखें, पानी पीकर देखें, एक कप चाय पीकर देखें, एक गिलास जूस पीकर देखें, क्रोध में देखें, खुशी में देखें... प्रत्येक परिवर्तन एक नई आभा (AURA) को जन्म देता है, लेकिन यह परिवर्तन अस्थाई होता है। कुछ रंग नहीं बदलते, स्थाई रहते हैं, लेकिन अस्वस्थता के चलते वे भी प्रभावित होते हैं। उन रंगों को देख–परखकर आप व्यक्ति का उपचार भी कर सकते हैं।

बिना औषधि के उपचार

आपने कभी अपने हाथ की रेखाओं को देखा है ? देखिये इन्हें जीवन–रेखा, मस्तिष्क–रेखा, हृदय–रेखा और भाग्य–रेखा हथेली पर जन्मजात होती हैं, शेष रेखाएं व्यक्ति के कर्मानुसार बदलती रहती हैं। हाथ की रेखाएं कभी गलतबयानी नहीं करतीं। इसी प्रकार आभा (AURA) के रंग भी मनुष्य की वास्तविक शारीरिक व मानसिक दशाओं को दर्शाते हैं। रंग देखिए और उपचार कीजिये, लेकिन निपुण होने के बाद।

लाल (Red)

आभा का लाल रंग घनघोर शक्ति (Energy) का सूचक है, लेकिन गहरा लाल अथवा मटमैलापन मस्तिष्क के असंतुलन का परिचायक है। ऐसा व्यक्ति शीघ्र ही जोश खो देता है। क्रोध में अनर्गल प्रलाप करना आरम्भ कर देता है। उसकी सोचने–समझने की शक्ति समाप्त हो जाती है और अत्यधिक उत्तेजना में वह मिर्गी के रोगी की तरह हांफने–कांपने–सा लग जाता है।

हत्यारे, आतंकवादी और क्रूर तबीयत के लोग प्रायः इस तरह की आभा (AURAS) से ग्रसित रहते हैं।

उपचार-विधि

उन्माद, क्रोध, उत्तेजना से ग्रसित ऐसे लोगों को प्रातःकाल ओसयुक्त घास पर चलने की आदत डालनी चाहिए। श्वेत वस्त्र धारण करने चाहिए। श्वेत वस्त्र धारण करने से आभा (AURA) का गहरापन समाप्त हो जाता है और व्यक्ति स्वास्थ्य–लाभ प्राप्त करता है।

नारंगी (Orange)

नारंगी रंग रचनात्मकता और भावनात्मकता का परिचायक है, लेकिन यदि इस पर काली छाया पड़ती दिखे तो यह भावनात्मक असंतुलन और आंदोलित मस्तिष्क का सूचक है। नारंगी रंग पर यदि मटमैली छाया हो तो यह गर्व और दिखावे का सूचक है। ऐसा व्यक्ति हर दम इसी चिन्ता में घुला जाता है कि कैसे वह लोगों की प्रसंशा का पात्र बने।

उपचार-विधि

ऐसे व्यक्ति पीले–सफेद वस्त्र धारण करें। केले, संतरे, दूध, पनीर का सेवन करें।

पीला (Yellow)

पीला रंग सक्रिय मस्तिष्क और मनुष्य की बुद्धिमता का परिचायक है। गहरा पीला और मटमैली आभा (AURA) युक्त रंग व्यक्ति को गहन चिन्तक बनाता है। ऐसे व्यक्ति हर बात का गहन अर्थ निकालने वाले होते हैं। ये व्यक्ति अपने सभी सिद्धान्तों को लोगों पर थोपने में अपनी महानता समझते हैं।

उपचार-विधि

ऐसे व्यक्ति धर्माचरण करें। सत्संग, व्रत, पूजा–पाठ को जीवन का नियमित हिस्सा बना लें। शनिवार और मंगलवार को दो पीले फल दान करें।

हरा (Green)

ऐसे व्यक्ति शांतचित्त और एकांतप्रिय होते हैं। आभा (AURA) के हरे रंग में यदि गहरी छाया दृष्टिगोचर हो तो वह व्यक्ति के चरित्र में

धोखेबाजी, ईर्ष्या और द्वेष की सूचना देती है। ऐसे व्यक्ति स्वयं पर भी सदैव संदेह करते रहते हैं।

उपचार-विधि

नियमित व्यायाम करें। जेब में सदैव सफेद रूमाल रखें। खाने में हरी सब्जियों का ज्यादा प्रयोग करें। खीरा, ककड़ी का सेवन करें। हफ्ते में एक दिन मौन व्रत रखें। ये उपचार निश्चित ही व्यक्ति की प्रकृति को बदलने में सहायक होंगे।

नीला (Blue)

चमकीला नीला रंग जहां अच्छी आभा (AURA) का सूचक है, वहीं इस पर आच्छादित काली किरणें मनुष्य को शंकालु प्रकृति का बना देती हैं। यदि नीले रंग पर मटमैली छाया दृष्टिगोचर हो तो ऐसे व्यक्ति चिन्ता, भय, घमण्ड और अति–उत्साह की व्याधि से ग्रस्त होते हैं।

उपचार-विधि

अच्छी पुस्तकें पढ़ें। स्वतंत्रता सैनानियों, देशभक्तों से सम्बन्धित साहित्य पढ़ें।

सोने से पूर्व शास्त्रीय संगीत सुनें। कभी–कभी वेद, उपनिषद् और पुराण पढ़ें।

गहरा नीला (Indigo)

यह रंग एक आदर्श व्यक्तित्व का द्योतक है। इस पर काले धब्बे अथवा छाया सभी कुछ हासिल कर लेने की महत्त्वाकांक्षा को दर्शाते हैं। यह व्यक्ति को कल्पना–लोकवादी भी बनाते हैं। ऐसे व्यक्ति इस आत्मविश्वास में जीते हैं कि वे 'सम्पूर्ण–व्यक्ति' हैं।

उपचार-विधि

ऐसे व्यक्ति हरे–भरे, प्रदूषण–मुक्त स्थलों की सैर करें। अच्छे मित्र बनाएं। सप्ताह में एक बार पक्षियों को दाना अवश्य डालें, यदि संभव हो तो पक्षियों को कभी भी चुगाया जा सकता है।

बैंगनी (Purple)

बैंगनी रंग की चमकीली–आभा से युक्त व्यक्ति आत्म–स्फूर्त (Spontaneous) होता है, इसके विपरीत यदि इस रंग पर मटमैली–भूरी छाया दृष्टिगोचर हो तो व्यक्ति उदासीन और प्रबल वासनामयी (Sexual) प्रकट होता है।

उपचार-विधि

भक्ति संगीत सुनिये। भोजन में तेल–मसाले, मांस आदि से बचिए। गरिष्ठ खाद्य–पदार्थों का कम सेवन करिये।

काला (Black)

भौतिक आभा (Etheric Aura) क्षेत्र में काला रंग शारीरिक असंतुलन का सूचक है। मानसिक आभा (Astral Aura) क्षेत्र में कालापन दिमाग़ के दिवालियेपन का परिचायक है। ऐसे व्यक्ति मानसिक रोगी भी पाए गए हैं। मादक पदार्थों का सेवन भी इनमें आम होता है।

उपचार-विधि

ऐसे व्यक्ति नियमित व्यायाम करें। व्यायाम को अपने जीवन का अहम् अंग बना लें। दूरदर्शन पर खेल–कूद, एथलेटिक्स, रेसलिंग (Wrestling) आदि के कार्यक्रम देखें। अगर अवसर मिले तो रोमांचपूर्ण खेलों में भाग लें।

आत्मविश्वास को जीवन में अपनाएं। वचन के पक्के और संयमी बनें।

भूरा (Gray)

भूरा रंग अवसाद, भयग्रस्तता और क्षीण–शक्ति का सूचक है। भूरे रंग पर काली छाया व्यक्ति को भेदी और एकाकी बना देती है।

उपचार-विधि

सैर–सपाटा कीजिये। धार्मिक यात्राएं कीजिये। मित्र बनाइए। बायीं जेब में हमेशा एक लाल गुलाब रखिये। क्लब जाइये। मेले, जुलूस, उत्सवों में भाग लीजिये।

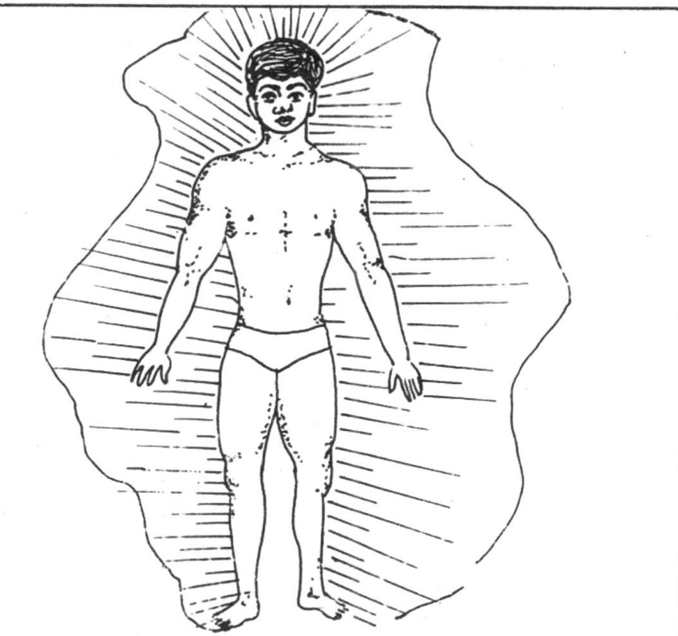

आभा को ध्यानपूर्वक देखें, निष्कर्ष निकालें, फिर उपचार करें

सावधानियां

1. जब आप आभा (AURAS) देखने में निपुण हो जाएं, तभी दूसरे व्यक्तियों की आभा (AURAS) देखना आरम्भ करें।

2. कोई भी रंग देखते ही एकदम किसी भी निष्कर्ष पर न पहुंचें। इसके लिए पहले व्यक्ति से रोग के बारे में बातचीत करें, फिर रंग, छाया, गहराई, रंगों की आवृति, स्थान और संयोजन पर अच्छी तरह मन्थन करें, तदुपरान्त किसी निष्कर्ष तक पहुंचें।

3. आभा के रंगों का विश्लेषण कर भौतिक व मानसिक रोगों का अच्छा उपचार किया जा सकता है, लेकिन गम्भीर रोगों (टी. बी., कैंसर आदि) की सिर्फ जानकारी मिल सकती है। अन्य उपचार के साथ–साथ यहां सुझाए गए उपचार से शीघ्र स्वास्थ्य–लाभ मिलता है।

4. शरीर से फूटने वाली आभा (AURA) किरण–पुंज के रूप में दिखाई पड़ती हैं। यह शरीर से लगभग 2 फिट की दूरी तक विस्तीर्ण होती है।

यदि इनका दायरा शरीर के चारों ओर एक–सा हो तो वह अच्छे स्वास्थ्य का परिचायक है, इसके विपरीत कहीं से दबी, कहीं से उठी, भद्दी, पिचकी आभा अस्वस्थता की द्योतक है।

5. शरीर के जिस भाग की ओर से आभा गहरी लाल अथवा छायादार दृष्टिगोचर हो, उस भाग पर विकार के कारण ऐसा हो सकता है।

एक प्रयोग के दौरान मैंने देखा कि एक व्यक्ति के कंधे की ओर की आभा (AURA) दबी हुई और छायायुक्त थी, पूछने पर ज्ञात हुआ कि उस समय उसके कंधे में तीव्र दर्द हो रहा था। इस प्रकार विकार के कारण आभा प्रायः त्रुटिपूर्ण उत्सर्जित होती है।

6. दबी हुई और मटमैली आभा (AURA) कभी–कभी भविष्य के खतरे की ओर भी संकेत करती है। मान लीजिये, किसी व्यक्ति के पैर के निकट की आभा दबी–दबी, मटमैली, छायादार हो और वह व्यक्ति पूरी तरह स्वस्थ हो तो अगले कुछ दिनों तक उसे पैर की ओर से विशेष सावधान रहना होगा। दबी आभा (AURA) किसी पूर्व चोट–विकार की सूचना हो संकती है।

आभा के विविध रूप

मनुष्य का शरीर जादू का पिटारा है। इसके जादुई खेल कल्पनातीत हो सकते हैं। विज्ञान भी इस जादुई शरीर को पूर्णतः नहीं समझ सका है। इस जादुई पिटारे को नियंत्रित करता है–मस्तिष्क, जो इस पिटारे की लगभग 70 करोड़, 70 लाख नाड़ियों का संचालन करता है। है न आश्चर्य की बात? एक छोटा–सा मस्तिष्क और इतने सारे कार्य!

मनुष्य के शरीर से निकलने वाले आभा (AURA) के रंग भी पाठकों को जादुई खेल से कम नहीं लगेंगे। लेकिन इसमें कोई जादू नहीं है। इन रंगों ने शरीर के अनेक रहस्यों को उजागर कर दिया है। इन रंगों को देख–परखकर शारीरिक विकार का निदान संभव है। आभा के रंगों को देखकर बालक अपने पाठ्य–विषय निर्धारित कर सकते हैं, युवक अपने योग्य रोजगार का चयन कर सकते हैं, युवतियां आभा की अनुकूलता के अनुसार वस्त्राभूषणों का चुनाव कर सकती हैं।

एक प्राचीन ऋषि क्षौण जब स्नान करते थे तो उनके स्पर्श–मात्र से जल इन्द्रधनुषी हो जाता था, इसके विपरीत दैत्य कुम्भाकर जब स्नान करने के लिए किसी नदी अथवा तालाब में उतरता था, तो वहां का जल गहरा नीला पड़ जाता था। यह अच्छी व बुरी आभा के दो उदाहरण मात्र नहीं हैं, इन उदाहरणों में व्यक्ति के सम्पूर्ण चरित्र की झलक मिलती है। आभा (AURA) व्यक्ति के गुणाव–गुणों को दर्पण की भांति प्रकट कर देती है।

दुनिया में करोड़ों व्यक्ति हैं। सबकी आभाएं (AURAS) भिन्न–भिन्न हैं। अपनी आभाओं के कारण ही उनकी अलग पहचान है। आभा को पहचानकर व्यवसाय/कार्य क्षेत्र का चयन करना घाटे का सौदा नहीं है। आइये देखें, आभा के अनुसार व्यवसाय अथवा कार्य–क्षेत्र का चयन कैसे किया जाए।

राजनीतिक आभा

जिस व्यक्ति की आभा चमकीली लाल रंग की हो, वह व्यक्ति राजनीति के चरम शिखर पर पहुंच सकता है। अनेक लोग उसके अनुयायी होते हैं। उसके विचारों को ध्यानपूर्वक सुना जाता है।

लाल रंग की आभा (AURA) के व्यक्ति राजनीति के अतिरिक्त सेना, पुलिस और जोखिमपूर्ण कार्यों को अपनाना अधिक पसंद करते हैं।

गहरे लाल अथवा मटमैली छायायुक्त आभा ऐसे व्यक्तियों को प्रतिकूल आचरण वाला बना देती हैं।

व्यावसायिक आभा

चमकीली हरी अथवा चमकीली लाल आभा वाले व्यक्ति व्यवसाय में अधिक रुचि लेते हैं। ऐसे व्यक्ति उद्योग–धन्धे स्थापित करते हैं और सफलता हासिल करते हैं।

इसी आभा में काली छाया अच्छी नहीं मानी जाती। ऐसा होने पर व्यक्ति के मन में सदाचार–विमुख होने की भावना बलवती हो जाती है।

बुद्धिजीवी आभा

नीली आभा वाले व्यक्ति अपनी बुद्धि का अनन्य प्रयोग कर समाज में सुदृढ़ स्थान बनाते हैं। ऐसे व्यक्ति डाक्टर, वैज्ञानिक, पायलट, अभियन्ता, तकनीकि–विशेषज्ञ आदि बनते हैं और अभिनव प्रयोग कर कीर्तिमान स्थापित करते हैं।

नौकरी-पेशा आभा

हरी आभा से युक्त व्यक्ति–वर्ग बहुधा नौकरी–पेशा होता है। स्त्रियां आमतौर पर नर्सिंग, अध्यापन, समाज–सेवा आदि कार्य करने में रुचि लेती हैं और उसे समर्पित व कर्मठ भाव से करती हैं।

कलाप्रिय आभा

नारंगी और गहरी नीली (Indigo) आभा (AURA) से सम्पन्न व्यक्ति पत्रकार, लेखक, समाज–सेवी, चिन्तक (Thinker) दार्शनिक, मनोवैज्ञानिक आदि हो सकते हैं। इनके लिए इस क्षेत्र में करने के लिए बहुत कुछ होता है।

धार्मिक व आध्यात्मिक आभा

बैंगनी (Purple) और पीली आभा (AURA) वाले व्यक्ति धर्म और अध्यात्म के क्षेत्र में जाकर मानव–मात्र का कल्याण करने वाले होते हैं। यह लोग धार्मिक संगठन बनाने में सक्षम होते हैं और एक बड़ा जनसमूह उनका अनुयायी बनता है।

सामान्य आभा

कत्थई (Brown) और भूरे (Gray) रंग की आभा वाले व्यक्ति सामान्य जीवनयापन करने वाले होते हैं। काफी परिश्रम के बाद भी ऐसे व्यक्ति अपने जीवनकाल में विशेष कुछ नहीं कर पाते। छोटी–मोटी नौकरी, परिश्रम आदि से इन्हें अपना जीवन–यापन करना होता है।

सर्वप्रिय आभा

गुलाबी (Pink), सुनहरी (Golden) अथवा रजत (Silver) वर्ण वाली आभा से सम्पन्न व्यक्ति रचनात्मक क्षमताओं के धनी होते हैं। ये व्यक्ति समाज के हर क्षेत्र में सफल होते हैं। इनके लिए सफलता के अनेक द्वार खुले होते हैं। ये जिस भी द्वार में प्रविष्ट होते हैं, वहां सफलता का ध्वज फहराते हैं।

इस तरह आभा (AURA) देखकर व्यवसाय का चयन संभव है। आभा की भविष्यवाणी भी ज्योतिष की भविष्यवाणी से कम नहीं है।

आभा के माध्यम से कमजोर व्यक्तियों को बुद्धिमान बनाया जा सकता है, बुरे व्यक्तियों को सुधारा जा सकता है, किन्तु इसके लिए प्रयोगकर्ता में तीव्र इच्छा–शक्ति (Will Power), समर्पण और निपुणता होनी आवश्यक है।

यदि आपकी आभा (AURA) सशक्त और प्रभावशाली होगी तो आपके

शब्द ही कमज़ोर व्यक्तियों को उत्प्रेरित करने के लिए पर्याप्त होंगे। वाल्मिकि और तुलसीदास शब्दों के प्रभाव से ही कीर्तिमान रचनाकार बने।

आभा परखने की शक्ति बढ़ाइए

आप किसी कक्ष में आंखें मूंदे बैठे हैं और बेआहट कोई आता है तो आपकी छठी इन्द्री फौरन इसकी सूचना देती है और आप आंखें खोल लेते हैं। यह छठी इन्द्री आभा (AURA) का ही करिश्मा है।

आप अपने तीन मित्रों के साथ एक प्रयोग करिये। आप स्वयं आंखों पर पट्टी बांध लीजिये। आपको कुछ भी दिखाई नहीं देना चाहिए। कानों में रूई लगा लीजिये, ताकि कुछ भी सुनाई न दें। अब एक आराम कुर्सी पर बैठ जाइये। गहरी–गहरी सांसें लीजिये। अपने मित्रों को दूसरे कमरे में जाने के लिए कह दीजिये और उन्हें निर्देश दे दीजिये कि दस मिनट के अन्दर एक–एक कर तीनों बेआहट वापस कक्ष में आ जाएं।

अब कक्ष में कोई नहीं है। आप गहरी–गहरी सांसें ले रहे हैं। सांसों की आवृत्ति कम करते जाइये। अगर आपको आभा (AURA) देखनी आती है, तो एकाएक आप कक्ष में एक विशेष किस्म की ऊर्जा का अनुभव करेंगे। यह अनुभव आपके एक मित्र के कक्ष में आने के कारण होगा।

आपको कुछ भी बोलना नहीं है।

दस मिनट में तीन बार आप इस तरह का अनुभव करेंगे। इस तरह आप स्वयं की संवेदन–शक्ति बढ़ा सकते हैं।

यह अभ्यास या प्रयोग बार–बार कीजिये। इससे आपकी आभा (AURA) देखने की क्षमता में भी विकास होगा।

एक अन्य प्रयोग कीजिये।

पहले की तरह आंखों पर पट्टी, कान में रूई डालकर कक्ष की दीवार के निकट खड़े हो जाइये। अपने एक अन्य मित्र को ठीक सामने दूसरी दीवार की ओर खड़ा कर दीजिये।

अब मित्र से कहिए कि वह बेआहट आपकी ओर बढ़े और प्रत्येक कदम पर कुछ क्षणों के लिए ठहरे।

यह देखिए कि कितनी दूरी से आप उसकी ऊर्जा–आभा को महसूस करने लगते हैं।

इस प्रयोग को बार–बार कीजिये। एक समय ऐसा आयेगा कि काफी दूर से ही आप उसकी ऊर्जा–आभा का अनुभव करने लगेंगे। इस तरह आप आभा (AURA) देखने में निपुण हो सकते हैं।

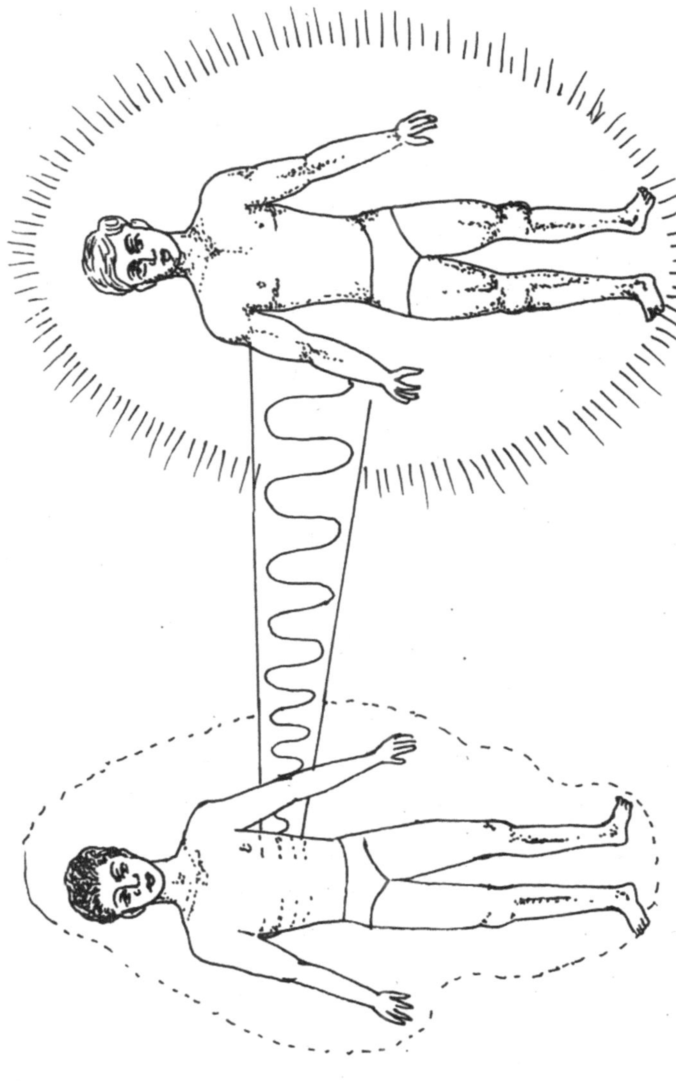

शक्तिशाली आभा कमज़ोर आभा को प्रभावित करती है

पेड़–पौधों की आभा (AURA) देखने की कोशिश कीजिए। इससे भी आपकी आभा देखने की क्षमता में वृद्धि होगी।

पौधे की आभा कैसे देखें

एक बिल्कुल सफेद दीवार से छह इंच दूर एक स्वस्थ, हरा–भरा पौधा रखें। प्रकाश सामान्य रखें, जो सामने की ओर पड़े।

अब, पौधे के तने और पत्तियों को ध्यानपूर्वक देखिये। पत्तियों के किनारों पर आपको हल्का–सा प्रकाश फूटता दिखाई देगा।

इस प्रकाश को और अधिक स्पष्ट करने के लिए पौधे के निकट एक गिलास पानी रख दें। अब आप देखेंगे कि प्रकाश और ज्यादा तेज हो गया है। यह पौधे की आभा (AURA) है।

अब एक अन्य गिलास में पानी के अन्दर एक चुम्बक का टुकड़ा डाल दें और पौधे के निकट रख दें।

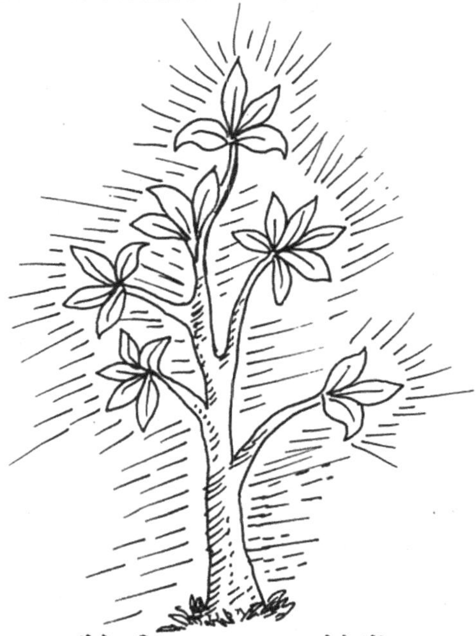
पौधे भी आभा-सम्पन्न होते हैं

आप देखेंगे कि पौधे की सारी आभा एकाएक समाप्त हो गई है। वस्तुतः चुम्बक पौधे की सारी आभा (AURA) को खींच लेती है। अत्यधिक चुम्बकीय आकर्षण के कारण मनुष्य की आभाएं (AURAS) भी इसी तरह मन्द पड़ सकती हैं अथवा समाप्त भी हो सकती हैं।

मनुष्यों की आभा देखने से पहले आप विभिन्न तरह के पौधों–फूलों पर यह प्रयोग कीजिये। पौधों की आभा देखना अपेक्षाकृत सरल व सहज है। जब आप पेड़–पौधों की आभा देखने में सक्षम हो जाएंगे तो, मनुष्यों की आभा देखना आपके लिए आसान हो जाएगा।

एक साथ दो व्यक्तियों की आभा (AURAS) देखीं जाए तो क्या होगा? देखें।

एक स्त्री और पुरुष को आमने–सामने खड़ा करें। दोनों एक–दूसरे से अनजान हों। उनसे एक फुट पीछे सफेद दीवार हो। दोनों के बीच भी एक फुट की दूरी हो।

अब दोनों की आभा (AURAS) को आठ फीट दूर से देखें।

आप देखेंगे कि पुरुष की आभा काफी मन्द है और धीरे–धीरे आगे रेंग रही है। स्त्री के सामने शरीर से भी आभा (AURA) मद्धिम है, जबकि पीछे की ओर से काफी चमकीला प्रकाश फूटता नज़र आता है।

वस्तुतः यह पीछे से निकलने वाली प्रकाश किरणें–पुरुष की आभा होती है, जो स्त्री की आभा को जल्दी–से–जल्दी आत्मसात कर लेने को आतुर होती है, इसके विपरीत स्त्री की आभा उससे बचने की कोशिश में जल्दी–से–जल्दी वहां से भाग जाने को प्रयत्नशील होती है।

इनके स्थान पर यदि किसी पति–पत्नी को खड़ा करके प्रयोग किया जाए तो उनकी आभा सामान्य दिखाई देंगी। उनमें काबिज होने या पलायन करने की रस्सा–कशी नहीं होगी। ऐसा उनमें आरामदेह सम्बन्ध और शारीरिक व मानसिक अनुकूलता के कारण होता है, इसके विपरीत पहले वाले प्रयोग में दोनों व्यक्ति अनजान होते हैं। दोनों में कोई पहचान अथवा मनोनुकूलता स्थापित नहीं हो पाती, अतएव् उनकी आभा (AURAS) भी उनके स्वभाव के अनुकूल व्यवहार करती हैं।

प्रेमी-प्रेमिका की आभा

प्रेमी–प्रेमिका की आभा एक साथ देखी जाए, तो वह स्पष्ट और चमकीली दिखाई देगी।

दोनों को पूर्ववत् आमने–सामने खड़ा कर दें। स्वयं 8-10 फीट दूर से दोनों के शरीर की आउट लाइन्स पर नज़रें घुमाएं।

शीघ्र ही आपको इन्द्रधनुषी भौतिक (Etheric) आभा दृष्टिगोचर होने लगेगी।

दोनों से कहें कि दोनों आंखों में आंखें डाल लें और एक–दूसरे के बारे में सोचें।

इस प्रकार आभा (AURA) अचानक ही और अधिक स्पष्ट हो जायेगी। विशेषकर हृदय और मस्तक के निकट की आभा अधिक स्पष्ट हो उठेगी।

इस प्रकार प्रयोग करते रहिए और आभा (AURA) के विविध रूप देखते रहिए, इससे आपकी आभा परखने की शक्ति का विकास होगा, साथ ही आप स्वयं भी आभावान हो उठेंगे।

आभा : समस्याएं और समाधान

आभा (AURA) अध्ययन के मध्य आपके मन में कुछ स्वाभाविक प्रश्न उठते हैं और अनेक समस्याओं का सामना करना पड़ सकता है। 'आभा' एक बहुत व्यापक विषय है। इस पर अभी बहुत अध्ययन की आवश्यकता है। इसके अध्ययन और विकास से शरीर–चिकित्सा–विज्ञान को मानव–शरीर में झांकने का एक और मार्ग मिल सकता है। पश्चिमी जगत् में आभा (AURA) के अध्ययन से बड़े–बड़े रोगों का निदान किया जा रहा है। इस चिकित्सा में व्यायाम को ही दवा के रूप में इस्तेमाल किया जाता है। यहां आभा से सम्बन्धित समस्याएं और उनका समाधान प्रस्तुत किया जा रहा है, जो पाठकों के लिए उपयोगी सिद्ध होगा :

*** क्या आभा देखने के लिए प्रयोगकर्ता का पढ़ा लिखा और बहुत बुद्धिमान होना आवश्यक है? क्या साधारण व्यक्ति इसको नहीं सीख सकता?**

* आभा (AURA) देखने के लिए किसी डिग्री की आवश्यकता नहीं है। एक साधारण पढ़ा–लिखा व्यक्ति भी इसको सफलतापूर्वक देख सकता है। हां, इसके लिए जो आवश्यक निर्देश हैं, जो क्रियाएं बताई गई हैं, वह सब अवश्य करनी पड़ेंगी। उन नियमों का पालन तो करना ही पड़ेगा। बिना इसके आभा (AURA) देखना सीखा ही नहीं जा सकता। उसे यह सब तो करना ही होगा। इतनी योग्यता का होना आवश्यक है।

*** क्या मन्द बुद्धि वाले व्यक्ति की आभा देखी जा सकती है?**

* प्रायः यह धारणा है कि मन्द बुद्धि या अर्द्धविकसित व्यक्तियों

की आभा लुप्त–प्रायः होती है, किन्तु ऐसा नहीं है। उनकी आभा आप अवश्य देख सकते हैं। बस, व्यक्ति आपके कहे अनुसार करता जाए, तो कुछ भी मुश्किल नहीं है।

*** क्या आभा देख कर किसी व्यक्ति का इलाज संभव है?**

* आभा देखकर व्यक्ति की शारीरिक व मानसिक दशा का सम्पूर्ण हाल ज्ञात किया जा सकता है। शरीर के घातक रोगों की जानकारी भी मिल सकती है, इससे चिकित्सा करना आसान हो जाता है। मानसिक व भौतिक रोग कुछ व्यायाम अथवा छोटे–मोटे उपायों से दूर किये जा सकते हैं।

*** क्या आभा के रंग देखकर व्यक्ति की गुप्त बातें जानी जा सकती हैं?**

* इसका उत्तर 'हां' में हो सकता है, लेकिन इसके लिए प्रयोगकर्त्ता को इस क्षेत्र का विशेषज्ञ होना आवश्यक है। पाश्चात्य देशों में आभा–विशेषज्ञ 'आभा' देखकर अनेक गुप्त बातें बताया करते हैं और वे सत्य सिद्ध होती हैं।

*** क्या रंग–बिरंगे वस्त्र पहने व्यक्ति की आभा (AURA) देखी जा सकती है?**

* अवश्य, लेकिन इससे आभा का वास्तविक रंग उत्सर्जित नहीं होगा, वरन् रंग–बिरंगे कपड़ों से मिलकर कोई 'तीसरा' ही रंग दिखाई देगा। जिस प्रयोगकर्त्ता को रंग–संयोजन की जानकारी होगी, उसे इससे कोई परेशानी नहीं होगी। वैसे, जहां तक संभव हो–पात्र व्यक्ति के कम–से–कम वस्त्रों में आभा (AURA) देखनी चाहिए, इससे किसी त्रुटि की संभावना नहीं रहती।

*** आभा में रंगों का क्या महत्व है?**

* वही, जो सब्जी में नमक का है। स्पष्ट और चमकीले रंग अच्छे माने जाते हैं। भद्दे और छायादार काले रंग ठीक नहीं माने जाते। रंग हमेशा बदलते रहते हैं। उठते–बैठते, खाते–पीते, लोगों से मिलते समय, बाज़ार, दफ़्तर, छींकने, खांसने, आराम के वक्त, दौड़–भाग के वक्त... आभा (AURA) परिवर्तित होती रहती है। हमारी भावनाएं, पूजा–पाठ, ध्यान–अध्ययन सभी से आभा प्रभावित होती है और तद्नुसार रंग–परिवर्तन होता रहता है।

*** क्या हर व्यक्ति आभा के रंगों को देख सकता है?**

* पहली बार में रंग प्रत्येक व्यक्ति को दिखाई नहीं देते, केवल सिर से लेकर कंधे तक सफेद प्रकाश दिखाई देता है फिर कई बार के अभ्यास के बाद रंग देखे जा सकते हैं।

कई प्रयोगकर्त्ता तो 30 वर्ष के अभ्यास के बाद भी रंग नहीं देख

पाए हैं किन्तु सफेद प्रकाश देखते हुए ही वह इतने कुशल हो गए हैं, कि उन्हीं से सारे विश्लेषण सही–सही कर दिया करते हैं। अतः रंग देखना महत्त्व नहीं रखता, महत्त्व इस बात का है कि आप कितने अच्छे विश्लेषक हैं।

*** क्या पेड़–पौधों की आभा (AURA) देखी जा सकती है?**

* अवश्य! पेड़–पौधों की आभा देखना अपेक्षाकृत अधिक सरल है। पिछले अध्याय में दिए गए नियमों के अनुसार आप पौधों की आभा देख सकते हैं। अभ्यास के लिए पहले पेड़–पौधों की आभा (AURA) देखना अच्छा रहेगा, इससे फिर किसी व्यक्ति की आभा देखना आसान हो जाता है।

*** क्या आभा देखकर रोजगार का चयन संभव है?**

* आभा से व्यक्ति के शारीरिक व मानसिक गुणों की पहचान की जा सकती है। इन गुणों के अनुरूप ही रोजगार के लिए पात्र को प्रेरित किया जा सकता है। इससे अच्छे परिणाम प्राप्त किये जा सकते हैं।

*** क्या आभा और योग का कोई सम्बन्ध है?**

* जिस प्रकार मनुष्य में सामाजिक और बौद्धिक विकास के लिए शिक्षा आवश्यक है, उसी प्रकार आभा (AURA) के विकास के लिए योग।

योग से आभा तीव्र होती है

योग–साधना से आभा को बल मिलता है जिससे व्यक्ति के व्यक्तित्व में निखार आता है। उसका प्रभाव बढ़ता है। व्यक्ति की इच्छा–शक्ति बढ़ती है। कर्म के प्रति उसके मन में श्रद्धा जागती है और वह समर्पित मन से कार्य करता है। फिर उसकी सफलता में लेश–मात्र भी संदेह की गुंजाइश नहीं रहती।

*** क्या खान–पान का भी आभा (AURA) पर प्रभाव पड़ता है?**

* निःसंदेह! कहा गया है–'जैसा खाओगे अन्न, वैसा होगा मन।' अर्थात् सात्विक भोजन से हमारे विचार सात्विक होंगे, फिर हमारी आभा (AURA) भी सात्विक होगी, इसके विपरीत तामसिक भोजन से हमारी आभा भी तद्नुसार ही कलुषित हो उठेगी। हमारा सम्पूर्ण अस्तित्व तब तमस (अन्धकार) से भर उठेगा।

सात्विक भोजन से मन की शक्ति बढ़ती है। मादक द्रव्यों का सेवन, बीड़ी, सिगरेट भी हानिकारक हैं। इनसे मनःशक्ति में दुर्बलता आती है। अतएव् यदि आपको अपनी आभा (AURA) निखारनी है तो सात्विक जीवन व्यतीत करना होगा। जितना अधिक आपका जीवन इस प्रकार का होगा। आपकी आभा में उतनी ही 'रंगत' आयेगी।

*** क्या हर व्यक्ति की आभा एक–सी होती है?**

* नहीं! प्रत्येक व्यक्ति की आभा उसकी अपनी व्यक्तिगत पहचान होती है। जैसे हर व्यक्ति की शक्ल, सूरत, आवाज़, शारीरिक बनावट उसकी अपनी होती है, इसी प्रकार उसकी आभा की भी कोई नकल (Carbon-Copy) नहीं हो सकती।

*** क्या एक व्यक्ति की आभा दूसरे व्यक्ति की आभा से प्रभावित होती है?**

* जी हां, प्रभावित होती है।

आभा में प्रकाश, संवेग, स्वर, तीव्रता और विद्युत–चुम्कत्व, सभी गुण होते हैं। जब कोई कमजोर व्यक्ति किसी शक्तिशाली व्यक्ति के सामने पहुंचता है, तो निश्चित ही वह स्वयं में आत्महीनता की भावना का अनुभव करता है। ऐसा इसलिए होता है, क्योंकि उसकी कम चुम्बकीय आभा को शक्तिशाली व्यक्ति भी अधिक चुम्बकीय आभा अपनी ओर खींचकर घटा देती है, अतः कमज़ोर व्यक्ति हीनता का अनुभव करता है।

हमारे प्राचीन ग्रन्थों में ऐसे अनेक वृतांत मिलते हैं, जिसमें बताया गया है कि कुछ योद्धाओं के सामने पहुंचते ही लोगों का बल आधा रह जाता था।

बालि भी ऐसा ही योद्धा था। उसके सामने पहुंचते ही व्यक्ति का आधा बल खिंचकर उसमें समाहित हो जाता था, यही कारण था कि भगवान श्रीराम को पेड़ की ओट से महाबली बालि का वध करना पड़ा था। यह शक्तिशाली चुम्बकीय आभा का चमत्कार था।

*** क्या पेड़–पौधों और वातावरण की आभा से भी मनुष्य की आभा प्रभावित होती है?**

* ब्रह्माण्ड की प्रत्येक वस्तु आणविक संरचना के कारण ऊर्जावान है। आभा भी एक प्रकार की ऊर्जा ही है। अच्छी ऊर्जा होगी, तभी आभा भी अच्छी होगी।

प्राचीन समय में लोग वृक्षों को बांहों में भरकर पूजा–अर्चना किया करते थे। अनेक ग्रामों में आज भी यह परम्परा कायम है। इस तरह वृक्ष की आभा मनुष्य को सहज ही प्राप्त हो जाती है। तुलसी, पीपल, बरगद आदि को जल चढ़ाना क्या है? वह भी आभा–प्राप्ति का ही एक सहज उपाय है। जाने–अनजाने हम वातावरण, पेड़–पौधों से आभा ग्रहण करते ही रहते हैं। सूर्य की आभा से हम सभी आभावान है। वायु की आभा से हम सांस लेते हैं। फल, सब्जियों, अन्न, अनाज आदि से हम उदर–पोषण करते हैं, जिससे हमारी आभा परवान चढ़ती है। इससे सिद्ध है कि पेड़–पौधे, वातावरण, सृष्टि सभी की आभा से हम प्रकाशित हैं।

*** भौतिक आभा और मानसिक आभा का क्या तात्पर्य है?**

* भौतिक (Etheric) आभा मनुष्य के शरीर से सटी हुई दृष्टिगोचर होती है। यह आभा (AURA) कोई भी व्यक्ति आसानी से देख सकता है। इससे मनुष्य के भौतिक व शारीरिक क्षमताओं की जानकारी मिलती है।

मानसिक (Astral) आभा भौतिक आभा से कुछ ऊपर से प्रकट होती दृष्टिगोचर होती है। यह आभा इतनी सहजता से नहीं दिखाई पड़ती। इसके लिए अनेक व्यक्तियों की आभा (AURAS) देखनी पड़ती हैं। इसे देखने में काफी समय लग सकता है। इससे मनुष्य की मानसिक क्षमताओं का ज्ञान होता है।

*** क्या प्रतियोगिताओं में इसका सफल प्रयोग हो सकता है?**

* इन्द्रधनुषी आभा देखकर व्यक्ति के मस्तिष्क और व्यक्तित्व को टटोला जा सकता है। अमुक प्रतियोगिता के लिए उसने कितनी तैयारी की है, इसे परखकर उसे निर्देशित किया जा सकता है।

आभा : कुछ महत्त्वपूर्ण तथ्य

जब व्यक्ति किसी चीज को सीखना चाहता है, तो सबसे पहले आवश्यक है कि वह उसकी पूरी जानकारी प्राप्त कर ले, तभी वह उस विषय में पारंगत हो सकता है, इसलिए 'आभा' से सम्बन्धित तमाम बातों का विस्तार से उल्लेख किया जा चुका है, ताकि जब आप आभा (AURA) देखने की कला को सीखना चाहें तो सिलसिलेवार सब-कुछ करते चले जायें। हमारा शरीर क्या है? कैसे व्यक्ति की आभा देखी जाती है? यह सब भी अवश्य समझ लेना चाहिए। सांप का जहर उतारना सीखने से पहले आवश्यक है, सांपों की जानकारी हासिल कर ली जाए।

आभा के बारे में सब-कुछ जान-समझ लेने के बाद ही उसका प्रयोग करना चाहिए। आपकी रुचि इसमें है, तो इसे सीखने के लिए जो बातें आवश्यक हैं, करें। भली-भांति समझना और उनका त्रुटिरहित पालन आवश्यक है। कोई भी भाषा या विद्या सीखने के लिए उसकी प्रारम्भिक तैयारियां करनी पड़ती हैं, वही नियम यहां भी लागू होता है। आभा देखने के लिए आपका पहला कदम क्या होना चाहिए?

सबसे पहले आप इस बात को ध्यान में रखें कि आभा देखना एक मानसिक क्रिया है। मन की शक्ति और मानसिक शक्ति पर यह निर्भर करती है। किसी व्यक्ति की चेतना पर आपको नियन्त्रण करना है। इस क्रिया में वस्तुओं या साधनों का प्रयोग नहीं होता कि उनके माध्यम से आप ऐसा कर लें। यह आपकी मानसिक शक्ति और इच्छा की प्रबलता

पर निर्भर करता है कि आप किसी व्यक्ति–विशेष की चेतना को कितना और कहां तक प्रभावित कर अपने नियन्त्रण में रख सकते हैं। इस कार्य का मुख्य आधार यही बात है।

यहां सबसे पहले आपको मन–मस्तिष्क को समझना आवश्यक है। मन मनुष्य का सर्वस्व है और इसी पर उसका अस्तित्व निर्भर करता है। मानव मन के दो रूप पाये गए हैं:

(1) चेतन मन (Concious Mind) और

(2) अवचेतन मन (Sub Concious Mind)

चेतन मन

मन–मस्तिष्क की चेतन दशा का दूसरा नाम जागृतावस्था है। अर्थात् वह अवस्था, जिसमें हमारी बुद्धि–विवेक चैतन्य रहता है। दूसरी दशा में होश–हवाश सही–सलामत रहते हैं, इसीलिए अदालती कार्रवाई या वसीयत में प्रायः उल्लेख रहता है कि मैंने अपने पूर्ण होशो–हवाश में, सोच–समझकर यह बयान दिया है या वसीयत की है, या अमुक कागज पर अपने हस्ताक्षर किये हैं, मन–मस्तिष्क उस समय किसी प्रकार के दबाव या मादक द्रव्यों के अन्तर्गत नहीं था। हम चेतनावस्था में ही अपना हर कार्य करते हैं और हमारा हर कार्य हमारी बुद्धि के अनुसार किया होता है।

चेतनावस्था में ही हमें अपने द्वारा किए गए कार्य, उसके क्रिया–कलाप और वार्तालाप याद रहते हैं। इसी आधार पर हमारी स्मरण–शक्ति का संचय होता है। चेतन दशा ही हमारे विवेक और बुद्धि का परिचय देती है।

अवचेतन मन

मन–मस्तिष्क की दूसरी दशा का नाम अवचेतनावस्था है। प्रायः भ्रमवश या अज्ञानता के कारण इसका नामकरण 'अवचेतन' कर दिया है। वास्तव में 'अवचेन' का अर्थ है–बेहोशी। यह दशा मूर्छितावस्था की है। यह आघात, पीड़ा आदि से उत्पन्न होती है। अवचेतन (Sub Concious Mind) अर्थात् अर्धचेतनावस्था जो निद्रा में पूर्ण रूप से स्पष्ट है। अवचेतन दशा में किए गए कार्यादि हमें स्मरण नहीं रहते। इसी कारण निद्रा के बहुत से काम हमें याद नहीं रहते हैं। मन की यह अवचेतन दशा सदा बनी रहती है। चेतन सक्रिय रहने पर भी अवचेतन अपना करिश्मा कर जाता है। विचारों

में खोए रहने या बातचीत करते समय अथवा किसी उलझन में फंसे रहने के कारण हम अपनी कोई वस्तु, चाबी, पेन, कागज, रुपए इत्यादि कहीं रख देते हैं, परन्तु बाद में यह याद नहीं रहता कि अमुक वस्तु कहां रखी है? फिर खोजना पड़ता है। चेतनावस्था में यह अवचेतन का ही करिश्मा है।

आभा देखने की क्रिया में व्यक्ति को अपना अवचेतन मन सक्रिय बनाना होता है। प्रयोगकर्ता यह क्रिया अपने मन की प्रबल शक्ति के बल पर करता है। उसके शरीर की ऊर्जा–आभा की तरंगें उसे प्रभावित करती हैं और चेतन लुप्त होकर उसका अवचेतन प्रबल हो जाता है।

प्रत्येक मनुष्य में ऊर्जा होती है। ऊर्जा से विद्युत बनती है। विद्युत की तरंगें अपना प्रभाव डालती हैं। जिस प्रकार रेडियो स्टेशन से तरंगें बिखरती हैं, और विशेष यंत्रों द्वारा रेडियो सैट उन्हें ग्रहण कर लेता है। उसी प्रकार मनुष्य के शरीर से भी तरंगें निकलती हैं। ये इच्छित वस्तु या पात्र से टकराती हैं और उस पर अपना विशेष प्रभाव डालती हैं। इसके साथ–साथ मनुष्य के शरीर से एक विशिष्ट गंध भी निकलती है। यह भी अपना कार्य करती है।

मनुष्य के शरीर से निकली ऊर्जा, ऊर्जा से उत्पन्न विद्युत तरंगें और विद्युत तरंगों की मिश्रित गंध मनुष्य पर अपना प्रभाव डालती हैं। यह प्रभाव कितना और कहां तक होता है, यह मन की शक्ति पर निर्भर करता है। अतः आभा देखने के लिए सबसे बड़ी आवश्यकता है–मन की इच्छा शक्ति, अर्थात् आत्मबल। यह आभा देखने, परखने और विश्लेषण करने के लिए अति आवश्यक है।

अतः आभा देखने–परखने के लिए सबसे पहले आवश्यक है कि प्रयोगकर्त्ता अपने मन की शक्ति बढ़ाएं। इच्छा–शक्ति, आत्मबल या संकल्प में दृढ़ता लाएं। मन की शक्ति जितनी सशक्त होगी, जितनी तेज़ होगी, इच्छा–शक्ति जितनी प्रबल होगी, उतनी ही शीघ्र वह आभा देख सकेंगे। यह पहले कदम की पहली आवश्यकता है। अपने मन की अलौकिक शक्तियों को इतना प्रबल बनाना होगा कि वे पात्र या वस्तु की अपनी मनःशक्ति से अधिक शक्तिशाली हो जाएं अर्थात् उस पर पूर्णतः हावी हो जाएं। जब तक इस प्रकार की विजय–स्थापना नहीं होगी, तब तक पात्र या इच्छित वस्तु की आभा को नहीं देखा जा सकता।

'मन' क्या है?

मन मनुष्य के शरीर के नीर–क्षीर–क्रिया यंत्र का नाम है। जिस प्रकार हंस दूध का दूध पानी का पानी अलग कर देता है, उसी प्रकार मन विचारों का मंथन कर, मन क्या करता है, क्या नहीं करता, इसका निर्णय कर मस्तिष्क को सूचित करता है।

विचार क्या है?

विचार मस्तिष्क में उपजी इच्छाओं और तरंगों का नाम है। विचार इन्द्रियों को प्रभावित करते हैं और मन से टकराकर निर्णय ग्रहण करते हैं। तब हम उसको कार्यरूप में परिणत करते हैं।

हम गहरी नींद में भी सहजता से स्वप्नों का आनंद लेते हैं। लोक–परलोक, देश–विदेश का भ्रमण करते हैं। हमारी आभा–तरंगें हमें इस योग्य बनाती हैं।

सारा केन्द्र–बिन्दु हमारा मस्तिष्क है।

अपनी विचार–शक्ति और इच्छाशक्ति को बढ़ाना मानसिक आभा देखना सीखने के लिए आवश्यक है।

स्वप्न में आप अपने परिजन, परिचितों के चेहरे और दृश्यों को स्पष्ट रूप से देखते हैं। जब निद्रा में ऐसा हो सकता है, तो क्या जागृतावस्था में नहीं हो सकता?

बिल्कुल हो सकता है। जब आप ऐसा करने में समर्थ हो जाएंगे तो आप निश्चित रूप से आभा देखने में सफलता प्राप्त कर लेंगे।

इस हेतु आपको अपना शारीरिक स्वास्थ्य भी देखना होगा। खान–पान अनुकूल रखना होगा। नाना प्रकार के व्यसनों से आपको अपनी रक्षा करनी होगी। मन में सात्विक विचार रखने होंगे। स्मरण रखिए, गंदी भावनाएं या विचार–आपके मन की शक्ति को एकदम क्षीण कर देंगे। स्वस्थ तन में ही स्वस्थ मन का वास होता है।

आपका रंग–रूप, चेहरा–मोहरा चाहे जैसा भी क्यों न हो, सबसे पहले आप सात्विक भोजन, सुविचार और आकर्षक व्यवहार के द्वारा अपना व्यक्तित्व (Personality) उभारें। आभा देखना सीखने के लिए यह भी एक आवश्यकता है।

इसके बाद आपका मन–मस्तिष्क तनाव रहित रहना चाहिए। तनाव (Tension) हानिकारक है। चिन्तित–परेशान और उलझन भरा मन कभी आपका कार्य बनने नहीं देगा। मन–मस्तिष्क साफ–सुथरा, हल्का और

तनावरहित होना चाहिए। अस्वस्थ दशा में कभी भी आभा न देखें। प्रथम तो आप कर ही नहीं पायेंगे और जैसे–तैसे कर भी गए तो अनर्थ हो सकता है। पूर्ण स्वस्थ मन और पूर्ण स्वस्थ शरीर इस जटिल कार्य के लिए अति आवश्यक है। यह तथ्य ध्यान में रखें।

इस कला में शीघ्र पारंगत होने के लिए प्रारम्भिक कदमों में कुछ और बातें अनिवार्य रूप से आवश्यक हैं। अधिक क्रोध करने वाला, हर कार्य में शीघ्रता करने वाला तथा फालतू बोलने वाला व्यक्ति कभी भी आभा (AURA) नहीं देख सकता है।

इन सब प्रवृत्तियों पर इस प्रकार नियन्त्रण करने के उपरान्त मन पर नियन्त्रण करने का अभ्यास करें। मन पर नियन्त्रण जितना आप कर लेंगे, उतना ही आपके लिए आभा देखना आसान होगा।

मन पर नियन्त्रण के लिए अभ्यास

किसी कागज या ब्लैक बोर्ड पर चित्रानुसार आकृति बनाएं। अब इस बोर्ड को सामने रखकर क्रॉस (XXXX) पर दृष्टि न रख, केवल ओं (O) पर दृष्टि केन्द्रित करें। एकटक अपलक देखते रहें। धीरे–धीरे क्रॉस गायब होने शुरू होंगे। केवल 'ओ' दिखाई पड़ेगा। अभ्यास के समय यदा–कदा 'ओ' बड़ा दिखाई पड़ेगा, पर यकायक फिर क्रॉस भी दिखने लगेंगे, पर अभ्यास अनवरत करते रहे। नियमित अभ्यास के कुछ दिनों बाद केवल 'ओ' ही विराट रूप में आपको दिखाई पड़ेगा।

यह अभ्यास ब्रह्म मुहूर्त में प्रतिदिन लगभग आधे–पौन घण्टे करें। कुछ समय बाद आप इसमें निपुण हो जायेंगे। कुछ दिन तो आपको 3 से 4 मिनट के भीतर ही यह स्थिति मिलती रहेगी, पर जब आप बराबर इस दशा में आ जायेंगे कि निगाह उठी और तुरन्त क्रॉस गायब। केवल सीधे 'ओ' दिखलाई पड़ने लगेगा। उस दिन साधना पूर्ण समझिए। निगाह उठी आपकी क्रॉस गायब, रह गया केवल 'ओ' बस। अब आप आभा (AURA) देख सकते हैं। अब आप अपने विचारों को एकाग्र कर सकते हैं। अपनी मनःशक्ति को एकत्रित कर सकते हैं। इसी एकाग्रता, मनःशक्ति के कारण अर्जुन अचूक निशाने बाज था।

कथा है महाभारत की। द्रोणाचार्य ने एक पेड़ पर मिट्टी की एक चिड़िया रखवा दी और अपने सभी शिष्यों से कहा–"चिड़िया की दाहिनी

मन पर नियन्त्रण के लिए अभ्यास

आंख को लक्ष्य बनाकर तीर चलाएं।''

अर्जुन सहित सभी शिष्य धनुषबाण लेकर प्रस्तुत हो गए। द्रोणाचार्य ने एक–एक से पूछना शुरू किया–''हां, क्या दिखाई पड़ रहा है ?''

''पेड़, डाल, पत्तियां, चिड़िया, उसकी आंख...।'' एक शिष्य नें उत्तर दिया।

दूसरे ने कहा–''चिड़िया दिख रही है।''

सभी ने इसी प्रकार उत्तर दिए। अर्जुन से जब पूछा गया, तो वह बोला–''गुरुवर! मुझे तो सिर्फ चिड़िया की आंख, बल्कि मात्र उसकी पुतली ही दिखाई पड़ रही है।''

गुरु द्रोण ने अर्जुन की पीठ थपथपाई–''शाबास! चला दो तीर।''

सबने तीर चलाए, पर सही निशाना केवल अर्जुन का ही रहा। ऐसी ही लक्ष्य–साधना आपको करनी है, तभी–आप आभा को स्पष्ट देख पायेंगे।

फिर आप ब्रह्माण्ड के कण–कण में स्थित आभा (AURA) को देखने में समर्थ हो सकते हैं।

विचार–तरंगों से यह सब संभव है। यहां तक कि फिर आपको अपनी आंखें खुली रखने की आवश्यकता भी नहीं होगी, आप बन्द आंखों से, सिर्फ मानसिक शक्ति से ही व्यक्ति की आभा देखने में सक्षम हो उठेंगे। एक बात और स्पष्ट करना चाहूंगा कि शब्द से अधिक प्रभाव मौन का होता है। मौन रूप से जो सोचा, कहा, संकल्प किया जाता है, वह शब्द से अधिक प्रभावशाली होता है। जब शब्द की तरंगें कोई काम करती हैं, तो मानना पड़ेगा कि मौन का कितना ज्यादा चमत्कार हो सकता है।

इस प्रकार के अनेक दृष्टांत हमारे धार्मिक, ऐतिहासिक ग्रन्थों में मिलते हैं। पृथ्वीराज चौहान ने आखों पर पट्टी बांधकर शब्द–भेदी बाण से मोहम्मद गौरी को मार गिराया था।

पात्र-चयन

आभा देखने के प्रयोग के प्रारम्भ में जब हम इसे सीखना और समझना शुरू करते हैं, तो प्रथमतः असफलता ही हमारे हाथ लगती है। आभा देखने के इस प्रयोग के लिए जितने उचित पात्र को उपयोग में लाया जायेगा, उतना ही हमारा अभ्यास सफल होगा।

इस कार्य के लिए ऐसा पात्र चुने जो आपकी बातें सुने और वैसा ही करें। अबोध पात्र समस्या खड़ी कर सकता है।

पात्र को आप पर पूरा विश्वास होना चाहिए और जैसा आप कहें, वैसा मानने वाला भी हो। वह आपके प्रत्येक निर्देश–आदेश को मानने वाला हो। आपके कार्य या बातों पर हंसने या शरारत करने वाला हरगिज न हो। आपने कहा–'शरीर को हौले–हौले हिलाओ, गहरी सांस लो।' तो पात्र वैसा ही करें।

पात्र के शरीर पर कम–से–कम वस्त्र होने चाहिए। इससे आभा सरलता से और स्पष्ट दृष्टिगोचर होती है और त्रुटि की संभावना नहीं रहती।

शुरू–शुरू में गोरे–चिट्टे पात्र को प्रयोगार्थ न लाएं। गोरी, चिट्टी त्वचा की आभा शीघ्रता से दृष्टिगोचर नहीं होती। इसका कारण परावर्तन (Reflection) के कारण आपकी ऊर्जा का वापस लौटना है। आपने देखा होगा–सफेद, चमकीली वस्तुएं शीघ्रता से ऊर्जा को नहीं सोखतीं, बल्कि उनका परावर्तन अपनी चमक के कारण कर देती हैं। सांवली अथवा काली वस्तुएं शीघ्र ऊर्जा को सोख लेती हैं। इस कारण अभ्यास के मध्य कृष्ण वर्ण, सांवले अथवा सामान्य वर्ण के पात्र को ही माध्यम बनाना चाहिए।

एक नन्हा–सा बीज अपने अन्दर वट जैसा विशाल वृक्ष छिपाए रहता है। इसकी पुष्टि कई वर्षों बाद होती है, जबकि वह नन्हा–सा बीज वृक्ष का रूप धारण कर लेता है। समय से पता चलता है और साथ ही उस बीज को वृक्ष में बदलने के लिए अनुकूल परिस्थितियां चाहिए। खाद, पानी हवा और उचित उपजाऊ भूमि। इसके अभाव में तो वह विशाल पेड़ बन ही नहीं सकता। इसके साथ पर्याप्त समय भी लगता है। फूंक मार कर उसे पेड़ का रूप क्षण भर में नहीं दिया जा सकता है। इसी प्रकार आभा (AURA) देखना भी एक साधना है। इसमें भी समय, नियम, सदाचार आवश्यक है।

जिस प्रकार बीज को वृक्ष का रूप लेने के लिए उचित ज़मीन, खाद, पानी और वातावरण की आवश्यकता होती है, उसी प्रकार आभा देखने में सफलता प्राप्त करने के लिए आवश्यक वातावरण जरूरी होता है। प्रयोगकर्ता को भी स्वयं को अनुकूल बनाना पड़ता है।

प्रत्येक क्रिया को धैर्य, पूरे आत्मविश्वास और लगन के साथ करना चाहिए। धीरे–धीरे पीछे बताए गए बिन्दुओं के अनुसार एक–एक चरण पूरा करना चाहिए। हड़बड़ाहट, जल्दबाजी या असंतोष की आवश्यकता नहीं है। शान्त चित्त, प्रसन्न मन और एकाग्रता बनाए रखें।

प्रयोग का वातावरण एकांत, शान्त, सुरम्य और स्वच्छ होना चाहिए। प्रकाश प्राकृतिक रूप से आना चाहिए। तेज, भड़कीला प्रकाश आभा को लुप्त–प्रायः कर देता है। प्रयत्न यह हो कि किसी भी प्रकार का कोलाहल, ध्वनि कानों से न टकराए।

सबसे बड़ी बात मन पर नियन्त्रण की है। आभा देखने के मध्य मन पर नियन्त्रण रखना आवश्यक है। मन पर पर्याप्त नियन्त्रण न रह पाने के कारण सफलता नहीं मिलती अथवा उसमें आवश्यकता से अधिक समय लगता है। होता यह है कि हम आभा देखने का प्रयास कर रहे हैं और हमारा मन, मस्तिष्क अन्य किसी ओर भाग रहा है। किसी पारिवारिक चिन्ता में खोया है हमारा मन।

केवल शारीरिक क्रिया से बात नहीं बनती।

शारीरिक क्रिया के साथ–साथ मन, मस्तिष्क की सम्पूर्ण एकाग्रता भी आवश्यक होती है।

शारीरिक ऊर्जा (Energy) और मन की ऊर्जा दोनों मिलकर ही एक नई शक्ति को उत्पन्न करते हैं। इन दोनों की सम्मिलित शक्ति ही आपके प्रयोग की सफलता की कुन्जी है। अतएव् मन पर सन्तुलन और नियन्त्रण अति आवश्यक है।

इस प्रयोग के लिए यह मूलभूत आवश्यकता है।

जो व्यक्ति इस कला में पारंगत होना चाहते हैं, उन्हें यह बात सबसे पहले ध्यान में रखनी चाहिए। इसके अभाव में सफलता कठिन है।

सादा, सरल, शान्तिमय जीवन व्यतीत करें।

अपना पहनावा सदैव ढीला–ढाला रखें। चुस्त और कसावट भरा पहनावा आपकी ऊर्जा के निष्कासन में बाधक है। हल्के–फुल्के वस्त्रों का प्रयोग करें।

आपने देखा होगा, संत–महात्माओं का पहनावा सदैव ढीला–ढाला रहता है। जब आप कोई मानसिक क्रिया करते हैं, तो शरीर से एक विचित्र–सी आभा–ऊर्जा निष्कासित होती है। चुस्त और कसावट भरे कपड़े बाधा बनते हैं, फलस्वरूप पूरी ऊर्जा बाहर नहीं आ पाती। इसी कारण ढीला–ढाला वस्त्र–विन्यास अच्छा माना गया है।

अपना चरित्र मजबूत बनाएं। चरित्रहीनता आपकी पवित्र ऊर्जा–आभा को नष्ट कर देगी।

यथा–सम्भव अपनी दिनचर्या संभावित और सीमित रखें।

दिनचर्या अपनी सुविधानुसार बना लें। उसका पूर्णरूप से नियमानुसार पालन करें। प्रारम्भ में आपको कठिनाई हो सकती है, पर बाद में आप निश्चित रूप से सुख और आनन्द का अनुभव करेंगे।

जितना ही आप अपना जीवन नियमित बनायेंगे, उतना ही अधिक आपका जीवन सुखद होगा और आप सफलता प्राप्त करते चले जायेंगे। इस तरह आप अपना और लोगों का कल्याण कर सकेंगे। नियमित रूप से जीवन व्यतीत का एक उदाहरण राबर्ट लुडलो ने अपनी एक पुस्तक में विस्तार से दिया है। उन्होंने जीवन की एक मुख्य घटना लिखी है:

निवोलेन एक फौजी जवान था। उसने प्रथम विश्वयुद्ध में सक्रिय भाग लिया था। सेना से अवकाश प्राप्त करने के बाद वह अमेरिका आकर बस गया। जर्मन सेना से युद्ध के समय अद्भुत प्रदर्शन के कारण उसे एक अलार्म घड़ी इनाम में मिली थी। वह अलार्म घड़ी उसके पास 45 साल तक रही।

लगातार 45 वर्ष तक वह नियमानुसार सवेरे के 5 बजे का अलार्म भर दिया करता था। घड़ी अपने सिरहाने रखता था। प्रातः अलार्म बजते ही वह उठ जाया करता था।

कुछ समय बाद उसकी मृत्यु हो गई।

मरने वाले दिन को ठीक प्रातः 5 बजे अलार्म बजने लगा। सब घबराये! कुछ डर गए!

अलार्म किसी ने न भरा था। फिर स्वयं कैसे बज उठा?

खैर, बात टल गई, पर अगले दिन ठीक पांच बजे घड़ी फिर बज उठी।

सब स्तब्ध रह गए!

लोग इसे भूत का खेल समझने लगे। वह घड़ी बिना अलार्म भरे भी 5 बजे बराबर अलार्म देती थी।

फिर एक मनौवैज्ञानिक ने राय दी–'इसमें 4-5 दिन चाबी न भरो। अलार्म न बजेगा।'

और बाद में वही हुआ। उस मनोवैज्ञानिक ने बताया कि नियमित रूप से 45 वर्ष तक चाबी भरने के कारण यन्त्र आदी हो गए थे। फलतः बराबर अभ्यास होने के कारण वह स्वयं बजते थे।

निर्जीव यन्त्रों पर जब इस नियम–चर्या का प्रभाव पड़ सकता है तो फिर सजीव का क्या कहना। अतएव् नियमित दिनचर्या का अपना एक विशेष महत्त्व है।

आभा देखिए। इसको बराबर सीखिए। निरंतर अभ्यास कीजिए। आप जितना अधिक सीखेंगे, उतना ही लाभ होगा, उतने ही चमत्कार आप करेंगे। इस बात का विशेष ध्यान रखें कि इसके साथ खिलवाड़ न करें, अनावश्यक प्रदर्शन न करें। विनम्र और गम्भीर रहकर व्यवहार करें, जीवन का वास्तविक सुख प्राप्त करें। इसी में आपका और अन्य लोगों का लाभ है।

आभा की उपयोगिता

प्रायः प्रश्न उठता है कि आखिर आभा (AURA) देखने की उपयोगिता क्या है। क्या यह केवल चमत्कार दिखलाने तक ही सीमित है? आभा देखना सीख कर व्यक्ति सबसे अलग 'अलौकिक व्यक्ति' बन जाता है।

आभा वस्तुतः एक अमृत है, जो किसी भी मनुष्य के व्यक्तित्व में चार चांद लगा देता है, उसका नव–निर्माण करता है। उसमें सम्पूर्ण परिवर्तन कर देता है और वह जीवन के लगभग सारे सुख प्राप्त करने के साथ समाज की एक महान सेवा कर सकता है। आभा दशर्न में मानव–कल्याण निहित है।

प्राचीन संत–महात्मा आभा–दर्शन कर किसी का भी भूत, वर्तमान और भविष्य बता देते थे।

आभा–दर्शन स्वयं के लिए भी बड़ा लाभदायक है।

इसके द्वारा मनुष्य अपना व्यक्तित्व आकर्षक बना सकता है। शारीरिक गड़बड़ियों के बावजूद, वह अत्यन्त आकर्षक और दूसरे को पूरी तरह प्रभावित करने वाला व्यक्ति बन सकता है। आभा–दर्शन में प्रयुक्त साधनाएं किसी भी साधारण मनुष्य के चेहरे पर अपूर्व तेज, आभा, कांति का निर्माण कर सकती हैं। इससे व्यक्ति का चेहरा निखर आता है। उसकी आंखों में एक आकर्षक चमक नजर आने लगती है। आंखों की आकर्षण–शक्ति बढ़ जाती है। बात करने, बोलने का ढंग बदल जाता है। अपने शानदार व्यक्तित्व के द्वारा वह किसी भी अनजान व्यक्ति को प्रभावित कर सकता है। उससे आंखें मिलाना संभव नहीं होता है। दूसरे व्यक्ति की आंखें टकराते

ही वह अपनी आंखें तत्काल झुका लेता है। आभा देखने–जानने–पहचानने वाले व्यक्ति से आंखें उठाकर बात करने की क्षमता किसी में नहीं होती। इस कारण सभी व्यक्ति ऐसे व्यक्तित्व से प्रभावित होते हैं। ऐसा व्यक्ति प्रत्येक सभा, समूह, गोष्ठी में अपना रंग जमा सकता है। सर्वत्र वह आकर्षण और जिज्ञासा का केन्द्र बना रहता है और साथ ही मान–सम्मान का पात्र भी बनता है।

इस कला को जानने वाले का रहन–सहन, उठना–बैठना और बात करने का ढंग बदल जाता है। वह भीड़ में सबसे अलग नज़र आने वाला बन जाता है। भावनाएं शुद्ध रखने से हमेशा चेहरा फूल–सा खिला और मन उल्लास से भरा रहता है। व्यक्तिगत रूप से इसके अनेक लाभ हैं। यह आवश्यक नहीं कि अपनी कला का प्रदर्शन करते फिरा जाए। अपने आकर्षक और सुखमय जीवन के लिए भी आप इसका उपयोग कर सकते हैं। आपके व्यक्तिगत लाभ के लिए यह सबसे उत्तम प्रयोग है। शरीर हल्का लगेगा। यौवन अधिक देर तक बना रहेगा। शरीर पर दुर्बलता, झुर्रियां, आंखों के नीचे स्याह काले गड्ढे प्रायः नहीं के बराबर होंगे। नींद से सोकर उठने पर शरीर टूटा नहीं, स्फूर्ति भरा होगा।

अपनी इस शक्ति के बल पर आप अपना हर कार्य बना सकते हैं। आप में इतना आत्मविश्वास आ जायेगा कि आप अपने हर छोड़े–बड़े काम भरपूर शक्ति लगाकर उसे पूरा बना लेंगे। न आपकी पराजय होगी, न आपको थकावट का अनुभव होगा।

जीवन की सभी आवश्यकताओं को आप सरलता से पूरा कर सकते हैं। नौकरी में पदोन्नति, व्यवसाय में पूरा लाभ, विवाद में विजय, संकटों को सरलता के साथ परास्त करना साधारण–सी बात होगी।

आपका हर कदम उत्साह–उमंग भरा होगा और हर क्षेत्र में आप दिन दूनी रात चौगुनी उन्नति करते चले जायेंगे। चिन्ताएं आपके पास आने का नाम नहीं लेंगी। बाधाएं–कष्ट अपने आप समाप्त हो जायेंगे।

इस प्रकार, आभा–दर्शन के माध्यम से आप अपने जीवन और व्यक्तित्व को चतुर्दिक् उन्नति प्रदान कर सकते हैं।

अत्यन्त सुखमय, स्वछन्द, सफल और सरल जीवन व्यतीत कर सकते हैं।

कुछ दिनों के प्रयोग के बाद आप स्वयं एक सुखद आनन्द का अनुभव करने लगेंगे। अपने आप में एक अभिन्न परिवर्तन स्वयं देखने लगेंगे।

मनोविज्ञान–शास्त्रियों के लिए, मनोवैज्ञानिकों या मनुष्यों की समस्त

मानसिक दशाओं का गहन अध्ययन करने में रुचि रखने वालों के लिए आभा देखना एक वरदान है। अपने शोध कार्यों में वह इस कला का सफलता के साथ उपयोग कर सकते हैं। मनोविज्ञान का अध्ययन करने में भी यह बड़ा उपयोगी है। आभा के रंग देखकर किसी भी व्यक्ति के मानस को विश्लेषित किया जा सकता है। इसका सहारा लेकर मानव–मन की अनेक गुत्थियां सुलझाई जा सकती हैं।

मनोवैज्ञानिकों का भी इस कला में पारंगत होना आवश्यक है। मानव–जीवन के अनेक अनजाने–अनछुए रहस्यों को उद्घाटित करने में यह विद्या बड़ी सहायक है।

चिकित्सा के क्षेत्र में इसका गहरा सम्बन्ध है। पश्चिम में अनेक विद्वान चिकित्सक मानसिक व भौतिक बीमारियों का इलाज कर रोगियों को अच्छा करने में इसी विद्या का सहारा लेते हैं। पाश्चात्य देशों में यह विद्या काफी फल–फूल रही है।

आभा के रंगों के द्वारा किसी भी मनुष्य की सारी कमज़ोरियों को पकड़ा जा सकता है। उसके मन की छिपी सारी बातों को, कमियों को जाना और पकड़ा जा सकता है। रंगों के माध्यम से उसका असली चेहरा देखा जा सकता है। यह वास्तव में एक महत्त्वपूर्ण जनोपयोगी विद्या है। एक चिकित्सक के लिए यह परमावश्यक भी है। आज पाश्चात्य देशों में अनेक चिकित्सक पहले रोगी से अंतरंगता प्राप्त करते हैं फिर आभा देखकर उसका इलाज करते हैं। इस विद्या का सहारा लेकर वह रोगी की मनोग्रन्थियों को भली–भांति देख–परख लेते हैं। इस प्रकार उसका सही इलाज करने में उनको सरलता होती है। प्रायः देखा गया है कि लज्जा या संकोच के कारण अनेक रोगी अपने रोग का वास्तविक कारण नहीं बता पाते हैं। तब, योग्य चिकित्सक उस रहस्य को अपने तक ही सीमित रख, उसे सरलता से स्वस्थ कर देता है। चिकित्सा में इस विद्या का महत्त्व बढ़ता जा रहा है, गम्भीर से गम्भीर रोग बाद में चिकित्सकों के लिए साधारण इलाज वाले रोग बन जाया करते हैं।

आभा और रोगोपचार

प्रत्येक वस्तु, वह जड़ हो या चेतन, समयानुसार उसका मरण अनिवार्य है। एक–न–एक दिन उसका रूप नष्ट होकर रहता है। विकास और विनाश,

विध्वंस और निर्माण निरंतर चलता रहता है। यह प्रकृति का सनातन नियम है और इससे प्रकृति टस–से–मस नहीं होती है। अगर जड़ या चेतन स्थायी रूप धारण कर लें तो सृष्टि ही नष्ट हो जाएगी। मानव–शरीर भी इसी कारण विनाश और विकास में बंधा है, जिसे हम जन्म और मरण कहते हैं। प्रत्येक तत्व भी मरण को प्राप्त होता है। मोटरकार का पहिया भी लगातार भागते रहने के कारण घिस जाता है। इसी प्रकार मानव–शरीर भी घिसता है–जन्म, बचपन, यौवन और बुढ़ापे की सीढ़ियों को पार कर वह मृत्यु को प्राप्त होता है। प्रकृति के इस नियम का स्वयं भगवान श्रीकृष्ण, पुरुषोत्तम श्रीराम आदि ने भी 'मानव–अवतार' ग्रहण करने के उपरान्त पालन किया। वह भी जन्म–मृत्यु में अपना चमत्कार नहीं दिखला पाए।

प्रत्येक तत्व की गतिशीलता उसका क्षरण करती है। मानव–जीवन भी मृत्यु की गोद में जाने से पूर्व इसी क्षरण के कारण कष्ट पाता है। जिस प्रकार मशीन के कल–पुर्जे निरंतर काम करते–करते गड़बड़ी कर जाते हैं और मशीन रूक जाती है, तब उसे सुधारा जाता है–वह पुनः काम करने लगती है। उसी प्रकार मनुष्य–शरीर भी बिगड़ (बीमार) जाया करता है, तब उसकी मरम्मत (चिकित्सा) होती है, फलस्वरूप वह पुनः काम करने लगता है। मानव–शरीर अनेक रोगों के कारण कष्ट पाता है और 'उपचार' से ठीक होता है। रोगों का उपचार सदा से गहन–अनुसंधान का विषय रहा है। आज नाना प्रकार के जटिल रोगों का हल पा लिया गया है। नाना प्रकार की औषधियों का आविष्कार हो चुका है। मनुष्य के लगभग प्रत्येक रोग का उपचार आज उपलब्ध है, केवल मृत्यु पर विजय शेष है।

मनुष्य के अधिकांश रोगों का उपचार आज संभव है, शरीर अशक्त पड़ने पर उपचार से उसे पूर्ववत् किया जा सकता है। यह साधारण बात हो गई है। मनुष्य का शरीर निरंतर क्रियाशील रहता है। एक पल के लिए यह थकता–रुकता नहीं। उसका रुकना–थकना ही मृत्यु है। गतिशीलता सदा बनी रहती है। निद्रावस्था में भी मनुष्य का शरीर क्रियाशील रहता है। एकदम शान्त भाव से लेटे मनुष्य के शरीर में भी क्रिया होती रहती है। जब किसी कारण शरीर में कुछ रुकावट–बाधा आ जाती है तो अनेक रोग स्वयं उत्पन्न हो जाया करते हैं।

रोगों की उत्पत्ति का कारण क्या है?

'चरक–संहिता' में मनुष्य के शरीर में रोगों का कारण कफ, वात और पित्त को बताया गया है।

मनुष्य के शरीर में कफ, वात अथवा वायु और पित्त, यह तीन प्रमुख तत्व हैं। इनका अपना-अपना एक-दूसरे से संतुलन बना रहता है। जब इस संतुलन में गड़बड़ी आ जाया करती है, तो शरीर अस्वस्थ हो जाया करता है। औषधियों द्वारा उपचार कर इस असंतुलन को ठीक कर देने पर मनुष्य पूर्ववत् हो जाया करता है।

कफ, पित्त और वात!

आकाश, पृथ्वी और जल... पंचतत्व में से तीन प्रमुख तत्व हैं, वैसे पांच तत्व माने गए हैं-आकाश, पृथ्वी, जल, अग्नि और वायु। आकाश, पृथ्वी और जल-कफ, पित्त और वात के द्योतक हैं। यह तीनों मनुष्य के शरीर में इन तत्वों का संचालन-निर्देशन करते हैं। शरीर-व्यवस्था की दृष्टि से रोगों की उत्पत्ति का यही कारण है। अनेक प्रकार के रोग लोगों में फैलते हैं और उनका उपचार किया जाता है। मुख्य जड़ तो उपर्युक्त स्थिति ही है, किन्तु इसकी सूक्ष्मता के कारण इनमें हजारों भेद हैं। रोग असंख्य-अनन्त हैं, क्योंकि समय और वातावरण के अनुसार रोगों का रूप बदलता रहता है। पुराने रोग लुप्त हो जाते हैं और नये उसका स्थान ग्रहण कर लेते हैं। प्राचीनकाल में रक्तचाप नामक रोग अथवा मधुमेह था ही नहीं। तब प्लेग था, आज उस पर अंकुश लग चुका है।

प्राचीन रोग समाप्त हो रहे हैं। नये रोग आ रहे हैं-'डेंगू' और 'एड्स' आज बहुचर्चित हैं। आशय केवल यही है कि रोग समय और वातावरण के साथ-साथ अपना रूप बदलते रहते हैं।

आज के युग में जितनी अधिकता 'मानसिक रोगों' की है, इतनी इससे पहले कभी न थी, शायद यह 'यन्त्रीकरण' का प्रभाव है। फिर जब से मनोविज्ञान और पर्यावरण का अध्ययन आरम्भ हुआ है, तब से अनेक प्रकार के अनुसंधान भी चल रहे हैं और मनुष्य प्रत्येक रोगों की जड़ में पहुंच रहा है। कुल मिलाकर रोगों के सम्बन्ध में आज विशेषज्ञ स्वयं भूल-भूलैया में पड़ गए हैं। किसी भी रोग का उपचार तभी संभव है, जबकि उसका कारण जान लिया जाए। बिना कारण जाने-समझे भला उपचार कैसे संभव है।

आभा के रंग देखकर विभिन्न रोगों का इलाज किया जाता है। मानसिक व भौतिक रोगों में यह इलाज कारगर सिद्ध होता है।

मेरे व्यक्तिगत अनुभव व विश्लेषण के अनुसार विभिन्न रोगों का

उपचार विभिन्न रंग के वस्त्रों को धारण करने से संभव है। निम्न सारणी देखें और जब भी आवश्यकता हो तदनुसार उपचार करें:

रोग	उपचार
(1) सिर दर्द, ज्वर, नेत्र–विकार आदि	गुड़ और भात खाएं। सुनहरी–पीत वर्ण- वस्त्र धारण करें।
(2) तिल्ली, यकृत, कफ़, उदर विकार	खीर खाएं। श्वेत वस्त्र धारण करें।
(3) पित्त, वायु, कान के रोग, खुजली, एलर्जी	हलवा खाएं। रक्ताभ वस्त्र धारण करें। लाल फूलों की माला धारण करें।
(4) खांसी, हृदय रोग, कुष्ट आंत–विकार, पीत दमा	दूध पीएं। पीत वस्त्र और पुष्पों की माला धारण करें।
(5) गले का रोग, फोड़ा, गुप्त रोग, प्लीहा	दही–भात ग्रहण करें। पीले वस्त्र धारण करें।
(6) प्रमेह, कर्ण–रोग, नपुंसकता, ठंडापन	गुड़ और भात ग्रहण करें। श्वेत वस्त्र धारण करें।
(7) पागलपन, मानसिक रोग, भगन्दर, गठिया, वात–रोग	नीले वस्त्र धारण करें।
(8) अनिद्रा, पागलपन, उदर–विकार, गुर्दे के रोग	नीले वस्त्र धारण करें।
(9) चर्म–रोग, मस्तिष्क–रोग, भूख, श्वास–रोग	राजमा ग्रहण करें। धूमिल वर्ण के वस्त्र धारण करें।

उपर्युक्त सारणी के अनुसार चलने के साथ–साथ चिकित्सक की सलाह के अनुसार औषधियां भी ग्रहण करते रहें, इससे बीमारी चमत्कारी रूप से शीघ्र ठीक होने लगेगी।

काफी गहन अनुसंधान के उपरांत निष्कर्ष निकला है कि मानव–शरीर की नब्बे प्रतिशत गड़बड़ियों या बीमारियों का कारण मानसिक है। कोई बात होने पर अचानक सिर दर्द, चक्कर आना शुरू हो जाता है।

मानसिक संतुलन बिगड़ने के कारण अनेक प्रकार की व्याधियां उत्पन्न होती हैं। यह सब अचानक होता है।

इस आधार पर रोगों का वर्गीकरण मुख्य रूप से दो भागों में इस प्रकार है :

(1) शारीरिक (Physical) रोग

(2) मानसिक (Mental) रोग

शारीरिक रोगों में संघात, खानपान की गड़बड़ियां, थकावट, श्रमपूर्ण कार्य आदि प्रमुख कारण बनते हैं।

मानसिक रोगों में मनुष्य की स्थितियां या हालात उसे इस रूप में ला पटकते हैं कि वह नाना प्रकार की विपत्तियों का शिकार बन जाया करता है।

सबसे अधिक बीमारियां–मानसिक हैं। इसके लिए एक शब्द व्यापक रूप से प्रयोग में लाया जाता है–'मन की विकृत अवस्था।'

अत्यधिक विचार करने के कारण मनुष्य का मन निर्बल होता है। मन पर संतुलन खो देने के कारण मनुष्य बड़बड़ाने लगता है। आपने अनेक लोगों को बड़बड़ाते हुए, स्वयं से बातें करते हुए देखा–सुना होगा, इसका कारण मन से नियंत्रण हट जाना है।

आभा के रंगों को देख मनुष्य की यह अन्तर्दशा छिपी नहीं रह सकती। इसी दशा का निवारण रंगोपचार (Colour Therapy) के माध्यम से संभव है।

रोगों का सफल उपचार करने के लिए मनुष्य सदा से प्रयत्नशील रहा है। प्राचीनकाल का इतिहास भी इसका साक्षी है कि रोग निवारण की चिन्ता मनुष्य को अपने अस्तित्व के साथ ही हो गई थी। पुराणों में वर्णित 'धन्वन्तरि' का समुद्र–मन्थन के उपरान्त निकलना और बाद में अश्विनी कुमारों का वर्णन इस बात का स्पष्ट प्रमाण है कि मनुष्य स्वास्थ्य के प्रति कितना चिंतित था। 'चरक–संहिता' नामक ग्रन्थ तो केवल रोगोपचार पर ही है। ऋषि चरक और ऋषि च्यवन के उदाहरण पर्याप्त हैं।

प्रारम्भ से ही मनुष्य रोगों से लड़ता रहा है और उनके कारणों की खोज करता रहा है। स्वास्थ्य, सौन्दर्य और दीर्घायु के लिए वह सतत् प्रयत्नशील रहा है।

रोग क्या है?

शारीरिक गड़बड़ी का परिणाम!

शारीरिक गड़बड़ी क्यों होती है?

व्यवहार, खानपान और वातावरण के कारण बीमारियों की उत्पत्ति का यह मुख्य आधार माना गया है। इसी आधार पर उनका उपचार खोजा गया है। यह सर्वमान्य सत्य है कि प्रकृति ने अपनी गोद में सब–कुछ रख छोड़ा है। वह प्रत्येक आवश्यकता की पूर्ति करती है। मानव और प्रत्येक जीव–जन्तु के उपचार की व्यवस्था प्रकृति के पास है। जीव–जन्तु जब आहत या अस्वस्थ हो जाते हैं, तो प्रकृति के माध्यम से स्वयं ही इलाज कर लेते हैं।

कौआ चोट लगने पर विशिष्ट पौधों पर जाकर लौटता है। बीमार होने पर कुत्ता कुछ वनस्पतियों को खाता देखा जा सकता है। नेवला भी सर्प से आहत होने के बाद जंगल में जाकर विशेष जड़ी–बूटी खाकर कुछ ही पलों में स्वस्थ होकर लौट आता है।

हर व्यक्ति के शरीर में रोगों से लड़ने की प्राकृतिक शक्ति होती है, जो निरंतर रोगों से जूझती रहती है। आभा (AURA) द्वारा रोगोपचार में इसी शक्ति का सहारा लिया जाता है।

पाश्चात्य जगत् में आज अनेक चिकित्सक पहले रोगी की आभा (AURA) देखते–परखते हैं, तब उसका उपचार करते हैं। वास्तविकता जान लेने के बाद चिकित्सक को अधिक समझाने की आवश्यकता नहीं रह जाती।

मन की शक्ति मनुष्य के अनेक रोगों का सबसे बड़ा उपचार है।

मन की शक्ति ही मनुष्य को रोगी या स्वस्थ बनाए रखती है। मन की शक्ति को जागृत कर रोगों का उपचार सरलता से हो सकता है। मन की शक्ति मनुष्य की आभा (AURA) में प्रकट होती है। आभा की दुर्बलता को दूर कर मनुष्य-अस्तित्व को निखारा जा सकता है।

आज के तनावपूर्ण युग में मानसिक रोग अधिक हो रहे हैं। इन रोगों का सम्बन्ध मन से है। मन की दशा के कारण ये उत्पन्न होते हैं और आश्चर्यजनक लीलाएं करते हैं। जैसा मनुष्य का परिवेश, परिवार की दशा और मन की शक्ल होगी, उसी प्रकार के रोग से मनुष्य का शरीर पीड़ित या ग्रसित हो जाएगा।

हम जो कुछ सोचते हैं, मन में विचार लाते, उसका सीधा प्रभाव हमारे कार्यों पर पड़ता है। हमारा सारा व्यवहार, हमारे सम्पूर्ण क्रिया–

कलाप और वार्तालाप हमारी मन की दशा के अनुसार होते हैं। जैसी हमारी मनःदशा होगी, उस समय हमारा वैसा ही व्यवहार, वार्तालाप होगा। तदनुसार ही हमारी आभा (AURA) होगी। हमारे मन में जो बात बैठ जाती है, वह अपना समुचित प्रभाव दिखलाकर रहती है। अनादिकाल से हमारे पूर्वज कहते आए हैं–'मन के हारे हार है, मन के जीते जीत' अर्थात् मन पर ही मनुष्य की विजय और पराजय का भार रहता है। आध्यात्मिक संतजन कहते हैं–'तन तुरंग असवार मन' अर्थात् तन घोड़ा है जिस पर मन सवार है। मन की इस दशा को समझकर ही हमारे विद्वान् पूर्वजों ने मनुष्य के स्वस्थ और निरोगी बने रहने के लिए मानसिक क्रियाओं की व्यवस्थाएं की थीं। प्रातःकाल उठकर जप–तप–अध्ययन क्या है? मनोवैज्ञानिक स्तर पर तन–मन को शुद्ध करने की व्यवस्था।

समस्त चिन्तन, सभी उलझनें, सम्पूर्ण थकावट और सभी प्रकार की मानसिक परेशानियों से भरे शरीर की निद्रा और विश्राम की पूर्ति जप–तप–ध्यान से होती है। प्रातःकाल थोड़ी देर ऐसा करने से मनुष्य के उक्त भाव की पूर्ति हो जाती है। फलतः दिनभर के लिए वह एकदम स्वस्थ और निरोगी हो जाता है।

आप स्वयं परिक्षण करके देखें।

मनुष्य–शरीर एक मशीन के समान है। जिस प्रकार लगातार मशीन चलने से उसके कुछ पुर्जे घिसते हैं और उसमें क्रमशः खराबी आ जाती है, उसी प्रकार मनुष्य का शरीर भी है। किसी मशीन के समान मनुष्य का शरीर भी निरंतर कार्यरत रहता है, अतएव उसमें घिसावट आ जाती है। जितनी तेजी से मशीन चलेगी, घिसाव और टूट–फूट उसी तेजी से होगी। क्या लगातार छः घंटे तक आप पत्थर तोड़ सकते हैं? एक पल के लिए भी आपका हाथ न रुके! असंभव। क्यों? आप थक जायेंगे। आपकी शारीरिक शक्ति समाप्त हो जायेगी। प्रत्येक कार्य की एक क्षमता हैं। मनुष्य के शरीर की भीं एक सीमा है।

अकारण आप दुःखी हैं। आप पर कोई दुःख टूट पड़ा है। तब क्या होता है?

आप रुक–रुककर ठंडी सांसें, लम्बी सांसें लेते हैं।

ध्यान दीजिएगा, इनकी गति कितनी धीमी रहती है।

जब आप किसी बात पर उबाल खाते हैं या क्रोध में आ जाते हैं

तो ध्यान दीजिए, आपकी सांसें कितनी गर्म... कितनी तेज–तेज चलने लगती हैं। किसी धौंकनी के समान आप अपनी गर्म सांसों को फेंकने लगते हैं। आपका शरीर भी गुस्से के कारण थर–थर कांपने लगता है। आप बेकाबू हो जाते हैं।

दोनों स्थितियां एक–दूसरे से कितनी विपरीत हैं?

सांसों की गणना कीजिये। दुःख–शोक के समय 8-10 सांसें निकली होंगी पर क्रोधावेग के समय एक–दो मिनट में सैकड़ों सांसें निकल गईं। सांसों का निकलना शरीर की मशीनरी का घिसना है। इसी कारण कहा गया है कि क्रोध अग्नि के समान है। अग्नि के समान ही यह मनुष्य के शरीर को जला देता है।

किसी भी गड़बड़ी या अस्वस्थता के लिए सर्वप्रथम उसका कारण देखा जाता है। कारण को ठीक करने पर या उसे हटा देने पर ही काम ठीक होता है। इसी प्रकार हमारे शरीर में जब अस्वास्थ्य या गड़बड़ी के कारण रोग होते हैं, तो इनके मूल में हमारी मनःदशा होती है। अतएव् मनःदशा (कारण) को हटाना आवश्यक माना गया है इसके लिए हमारे पूर्वजों ने जप, तप, ध्यान और योगासन आदि की व्यवस्था की है और मनोवैज्ञानिक स्तर पर जिस विधि का आविष्कार किया, उसे मन की एकाग्रता नाम दिया गया है।

मन की एकाग्रता आभा (AURA) को निखारने का भी अचूक–अमोघ अस्त्र है। आभा जितनी अच्छी होगी व्याधियां–बीमारियां उतनी ही दूर होंगी।

मनुष्य का स्वस्थ होना, न होना, उसकी मनःदशा पर अधिक निर्भर करता है।

प्रत्येक उपचार के पीछे यही भावना रहती है। बिना श्रद्धा के अमृत भी कारगर सिद्ध नहीं हो सकता।

आभा (AURA) रंगों का खेल है। रंगों का भी मानव–शरीर पर विशेष प्रभाव पड़ता है। रंगों के माध्यम से रोगी को हम विपरीत स्थिति का भास कराते हैं। रक्तचाप के रोगी के शरीर पर हल्का या गहरा रंगीन प्रकाश बराबर बनाए रखने से अपेक्षित लाभ होता है। नीला रंग मृगी के रोग को अवश्य ठीक करता है। अर्ध पागलपन में भी इसका सफलतापूर्वक प्रयोग होता है।

सिर दर्द, शरीर पीड़ा के रोगी को हल्के प्रकाश में रखने से काफी लाभ होता है।

हमारा सारा शरीर रंग से प्रभावित होता है। इसका प्रमाण आप स्वयं एक साधारण प्रयोग के द्वारा कर सकते हैं। कमरे में लाल रंग का एक कागज या फूल रखकर कमरा बन्द कर, लाल रंग का ही प्रकाश करें, तो उस कागज या फूल का रंग ही आपको एकदम बदला नज़र आयेगा। उसका अस्तित्व कुछ का कुछ हो जायेगा, इसी कारण विभिन्न रंगों का हमारे जीवन में, हमारे शरीर पर, हमारी मनःदशा पर अपना प्रभाव पड़ता है। किसी सोए व्यक्ति पर आप लगातार लाल रंग डालिए। जब वह सोकर उठेगा तो उसका मिजाज़ चिड़चिड़ा हो उठेगा। रात्रि को हल्का लाल बल्ब जलाकर सोना स्वास्थ्य के लिए हानिकारक है। हरा रंग सर्वोत्तम माना गया है। प्रसूता के कक्ष में नीला बल्ब जलाने का परामर्श दिया जाता है। पीला (अप्राकृतिक) रंग सुस्ती और आलस्य का प्रतीक है। साधारणतः नीला रंग अधिक लाभदायक और उपयोगी है। आभा के प्रयोग के दौरान आप सामान्य–प्राकृतिक प्रकाश का इस्तेमाल कर अपेक्षित लाभ उठा सकते हैं।

मनोवैज्ञानिकों द्वारा यह तथ्य पूर्णतः प्रमाणित हो चुका है कि चिन्ता के कारण मनुष्य के शरीर में सबसे अधिक रोग उत्पन्न होते हैं। हमारे संत पुरुष भी कहते हैं कि चिन्ता चिता के समान है। चिन्ता अनेक रोगों की जननी है। चिन्ता के कारण मनुष्य की सारी तंतु व्यवस्था बिगड़ जाती है। इस बात की घबराहट और परेशानी कि अब क्या होगा? मनुष्य का सम्पूर्ण शरीर तोड़–मरोड़कर रख देती है। जिस प्रकार भय के समय हमारा सारा शरीर थर–थर कांपने लगता है, उसी प्रकार चिंता के कारण हमारे शरीर के सारे तंतु और कोशिकाएं घबराने लगते हैं। उदाहरण के लिए आप अपने चेहरे को ही लीजिये–जब आप प्रसन्नचित्त रहते हैं तो आपका चेहरा खिला–खिला–सा रहता है और जब चिंतित, दुःखी, परेशान–तो चेहरा मुरझाया–मुरझाया–सा दिखता है। आपका या किसी का भी चेहरा देख इस बात को जाना जा सकता है कि व्यक्ति प्रसन्न है अथवा चिन्तित।

क्यों?

उसके चेहरे के कोश–कोशिकाएं, तंतु और रक्त–संचार–व्यवस्था उसका रूप बदल दिया करती है। क्षण भर पहले खिला–खिला–सा चेहरा मुरझा गया... आखिर क्यों? सब मन के विचारों या लहरों का खेल हैं। क्षणभर

में चेहरे की आभा उड़ जाती है। जिस प्रकार हमारे मन के विचार हमारे चेहरे की आभा को प्रभावित करते हैं, उसी प्रकार चिन्ता हमारे शरीर को बुरी–तरह प्रभावित करती है। उसका सम्पूर्ण शरीर पर प्रभाव पड़ता है और हम अनेक प्रकार के रोगों से ग्रसित हो जाया करते हैं। चिन्ता ही इसके मूल में है।

अतएव् चिन्ता को दूर कीजिए फिर देखिये आप कितने आभावान हो उठते हैं। आपका चेहरा फिर सूर्य की तरह आभावान हो उठेगा और जनसमूह में आप अलग ही दृष्टिगोचर होंगे।

आभा-चक्र

समय का चक्र घूमता है तो दिन–रात होते हैं, ऋतुएं बदलती हैं– सर्दी, गर्मी, बरसात, बसन्त, पतझड़। बदलते मौसम का प्रभाव हमारे शरीर पर पड़ता है, उसी के अनुरूप हमारा स्वभाव और शरीर ढल जाता है। हमारे शरीर में भी अनेक ऐसे चक्र हैं जो हमारी आभा (AURA) को नियंत्रित रखते हैं अथवा उसे प्रभावशाली बनाते हैं। इन चक्रों की कार्यकुशलता पर ही हमारी आभा का अस्तित्व निर्भर रहता है।

परम्परागत रूप से सात चक्र माने गए हैं–प्रथम चक्र जननेन्द्रिय में, द्वितीय चक्र उदर में, तृतीय चक्र हृदय में, चतुर्थ चक्र गले में, पंचम चक्र मस्तिष्क में, षष्ठ चक्र मस्तक पर और सप्तम चक्र सिर पर मुकुट की भांति विद्यमान होता है (चित्र देखें)।

इन चक्रों की सक्रियता से ही आभा का विकास होता है। यहां हम शरीर में स्थिति बारह आभा चक्रों की चर्चा करेंगे जो शरीर में निहित गुप्त ऊर्जा के अनन्त स्त्रोत होते हैं। इन्हें सक्रिय कर हम शरीर की बारह गुप्त शक्तियों को उजागर कर सकते हैं। इससे मनुष्य की आभा बहुमुखी हो उठती है और उसका अस्तित्व सितारे के समान दैदिप्यमान हो जाता है।

आभा को स्पष्ट, सुन्दर, सक्रिय और कार्यशील बनाने के लिए हमें इन चक्रों को निर्मल बनाना होगा। जितने निर्मल और स्वच्छ यह चक्र होंगे, हमारी आभा भी तदनुसार स्वच्छ और प्रभावशाली होगी।

प्रत्येक व्यक्ति के शरीर में यह बारह चक्र समान रूप से होते हैं,

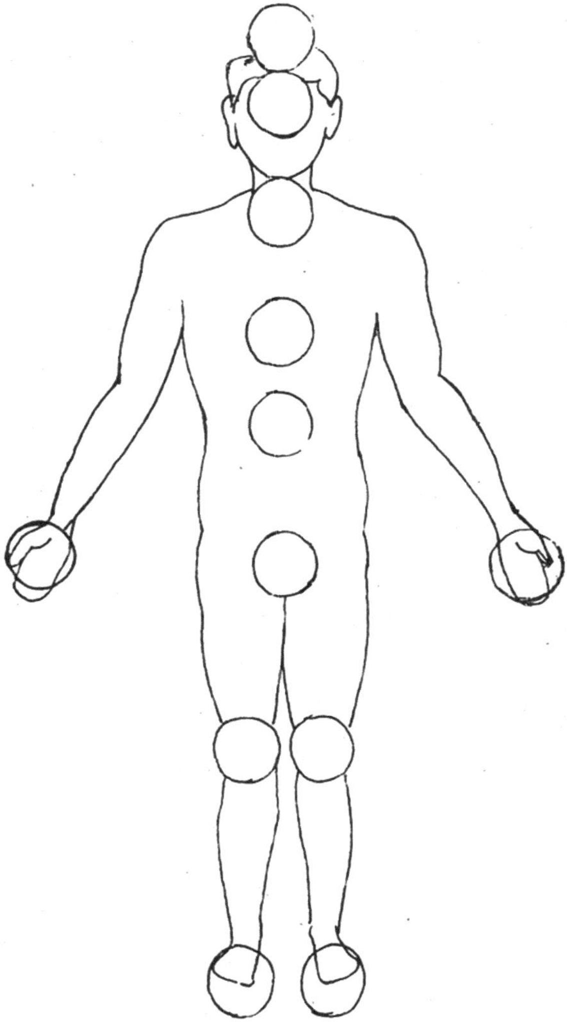

गुप्त आभा को उत्सर्जित करने वाले बारह आभा-चक्र

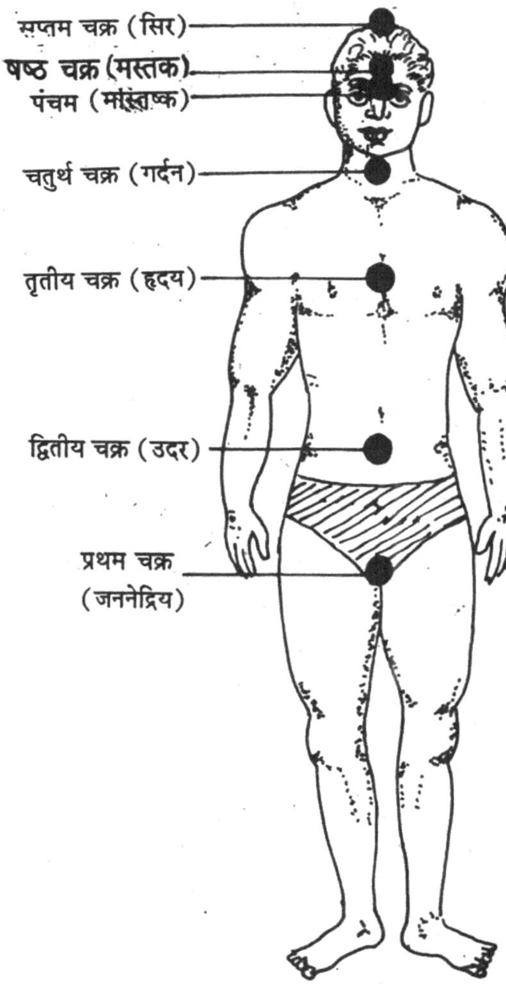

चुम्बकीय आभा के निर्माता सात आभा-चक्र

आवश्यकता है तो उन्हें सक्रिय करने की। जैसे बिना स्विच दबाए बल्ब नहीं जल सकता, वैसे ही बिना प्रयास का स्विच दबाए यह बारह चक्र भी सक्रिय नहीं हो सकते।

आखिर इन्हें सक्रिय कैसे करें?

पैरों के दो चक्रों को जागृत करने के लिए हमारे प्राचीन ऋषि–मुनियों की भांति नग्न पैर रहिए। यात्रा कीजिए। जन–सेवा हेतु वन–वन, ग्रम–ग्राम, शहर–शहर घूमिए।

आपने संत–महात्माजन को देखा है? जन–सेवा हेतु वे कांटों भरा मार्ग भी तय कर जाते हैं। पैर से टपकते रक्त और छाले भी उन्हें रोक नहीं पाते। फिर उनकी आभा भी भला कैसे रुक सकती है। पैरों के दोनों आभा–चक्र इसी तरह सक्रिय हो सकते हैं। आप प्रयास कीजिए।

घुटने से घुटना जोड़कर आपने लोगों को प्रार्थना करते देखा होगा? घुटनों के बल रेंगते हुए तीर्थ–यात्रा करते धर्मालु देखे होंगे? आप भी ऐसा कीजिए।

घुटनों के बल खड़े होकर ईश्वर–भजन कीजिए। ईश–स्तुति में इतने मस्त हो जाइये कि दीन–दुनिया का आपको होश ही न रहे। इसे जीवन का नियम बना लीजिये। इस तरह आपके घुटनों के दोनों आभा–चक्र खुल जायेंगे।

हाथ सदैव ऊपर रखिए, अर्थात् सदैव देने की भावना रखिए। लेने से कोई महान नहीं बनता, महानता देने में है। दान करने में है। दान करने से दी गई वस्तु कई गुना होकर हमें पुनः प्राप्त हो जाती है, यदि दान श्रद्धापूर्वक किया गया हो।

दुःख–कष्टों से पीड़ित व्यक्तियों की अपने हाथों से सेवा कीजिये। इससे आपको आत्मिक सुख प्राप्त होगा। आपकी आभा बलवती होगी। इस तरह आपके हाथों के आभा – चक्र खुलते चले जायेंगे।

अपनी ऊर्जा (Energy) को बढ़ाइए। जितनी आपकी आभा–ऊर्जा निर्मल होगी, जननेन्द्रिय में स्थित केन्द्रिय आभा–चक्र उतना ही प्रभावशाली होगा।

अपने से निम्न लोगों की सेवा कीजिए। उनका रूपान्तरण कीजिये। उन्हें योग्य बनाइए। इससे आपका केन्द्रिय आभा–चक्र विकसित, बलवान और सुस्पष्ट हो निर्मल आभा का उत्सर्जन करने लगेगा।

अपने मस्तिष्क और अपनी भावनाओं पर पूरा नियन्त्रण रखिए। किसी का भी बुरा मत सोचिए। सदैव अच्छे विचारों को ग्रहण कीजिए, इससे

आपका उदर स्थित चक्र आभावान हो उठेगा।

आपके हृदय में दूसरों के लिए ममता, करुणा और सद्इच्छाएं होंगी, तभी हृदय स्थित चक्र निर्मल और आभावान हो सकता है।

आपके गले में एक महत्त्वपूर्ण आभा–चक्र स्थित है। जब आपकी वाणी में संयम होगा, शब्दों पर पूर्ण अधिकार होगा, तभी आपका यह चक्र सक्रिय हो सकता है। शब्दों को ब्रह्म कहा गया है। उन शब्दों को आपको सदैव मधुर रस में घोलकर बोलना होगा। बुरे वचनों से बचना होगा। शब्दों में आपकी इच्छा, शक्ति और भावनाओं का प्रकटीकरण होता है, अतः पूर्ण संयम का परिचय देते हुए सदैव मधुर संभाषण करें। तब, निश्चित ही आपका यह चक्र सक्रिय होकर आपको लोकप्रिय बना देगा।

मस्तक पर स्थित आभा चक्र सर्वाधिक महत्त्वपूर्ण है, जो आपके मस्तिष्क को नियंत्रित और प्रखरित करता है। इसका विकास आपकी बौद्धिक क्षमताओं और तार्किकता पर निर्भर करता है। जब आप अपनी बौद्धिक क्षमताओं, तर्कशक्ति, कल्पनाशीलता और प्रकृति–प्रदत्त गुणों का विकास कर लेते हैं तो यह आभा–चक्र सक्रिय हो उठता है।

इस चक्र को सक्रिय करने के लिए योग–साधना कीजिये। नियमित दिनचर्या को अपनाइए। अच्छी पुस्तकों का पठन–पाठन कीजिये। प्रकृति और मानवमात्र से प्रेम कीजिए। इस तरह निश्चित ही आपका यह चक्र सक्रिय हो आपको अक्षुण्ण आभा से भर देगा।

सिर पर स्थित चक्र को सक्रिय करने के लिए सात्विक भोजन कीजिए। उद्यम कीजिए। किसी भी तरह का कार्य करने से पीछे न हटिए। शरीर को भूखा–प्यासा रहकर कठोर परिश्रम करने की आदत डालिए।

इन चक्रों को प्रत्यक्ष देखने के लिए एक सपना देखिए–जागती आंखों का सपना! स्वयं निर्मित सपना!

ज़मीन पर एक कम्बल अथवा ऊनी वस्त्र बिछाइए। फिर पूर्व की ओर मुंह करके लेट जाइये। अपने शरीर को ढीला छोड़ दीजिये। कुछ समय ऐसे ही शान्त लेटे रहिए।

अब अपनी सांसों की गति घटाते जाइए, गहराई बढ़ाते जाइए। आंखें बन्द कर लीजिये।

अब अपने पैरों पर ध्यान केन्द्रित कीजिये और कल्पना कीजिये की तीव्र प्रकाश से भरे दो चक्र वहां से निकल रहे हैं।

थोड़ा ऊपर बढिये। घुटनों पर ध्यान केन्द्रित कीजिये और कल्पना

कीजिये कि वहां से भी दो तीव्र आभावान चक्र निकल रहे हैं।

अब हाथों पर ध्यान केन्द्रित कीजिये। वहां से चक्र निकलने की कल्पना कीजिए।

इसी तरह जननेन्द्रिय, उदर, हृदय, गले, मस्तक और सिर से चक्र निकलने की कल्पना कीजिए।

यह अभ्यास नियमित कीजिए।

इस दौरान अपने विचार सात्विक रखिये। भोजन हल्का, सुपाच्य व सात्विक हो।

अभ्यास करते–करते अंततः एक दिन आप देखेंगे कि कल्पना करने के कुछ पल बाद ही चक्र दिखाई पड़ने लगे हैं।

जब सभी चक्र एक–एक कर दृष्टिगोचर होने लगें तो यह कल्पना कीजिये कि अब सारे चक्र एक–साथ दृष्टिगोचर होने लगें।

फिर एक दिन सारे चक्र एक साथ दृष्टिगोचर होने लगेंगे। उनमें रंग भी नजर आयेंगे और आपके शरीर के चारों ओर एक दिव्य आभा–मण्डल दृष्टिगोचर होने लगेगा।

यह संभव है, लेकिन इसमें बहुत धैर्य, श्रद्धा और समर्पण की आवश्यकता होगी। यह अपेक्षा न रखें कि जल्दी ही परिणाम दिखाई दे। परिणाम अवश्य दिखाई देगा–यदि आपका प्रयास सच्चा होगा तो।

असफलता से हिम्मत न हारें। प्रयोग में लगे रहें। इस तरह एक दिन आपके सम्पूर्ण आभा–चक्र निर्मल हो सक्रिय हो उठेंगे, जो आपके व्यक्तित्व को शिखर पर पहुंचा देंगे।

❑ ❑ ❑

नए प्रकाशन

बिस्वरूप राय चौधरी
डायनैमिक मेमोरी कंप्यूटर कोर्स
(परिवर्द्धित व संशोधित)...325.00

डॉ. उज्जवल पाटनी
पॉवर थिंकिंग...190.00

तरुण इन्जीनियर
पावर ऑफ पाजिटिव थिंकिंग
150.00

रेनू सरन
भारत के राष्ट्रपति....100.00

रेनू सरन
भारत के प्रधानमंत्री....100.00

डॉ. कुमार विश्वास
कोई दीवाना कहता है
99.00

सुदर्शन भाटिया
प्रणव मुखर्जी
125.00

वैद्य राजश्री कुलकर्णी, अभय कुलकर्णी
आयुर्वेदीय गर्भसंस्कार
250.00

जौली अंकल
कहानियां जो राह दिखाएं
125.00

राजेश चेतन
सीधी सादी बातें....100.00

सूर्या सिन्हा
सकारात्मक विचारों का जादू....110.00

दीपक बहल
सफलता की ओर
10 कदम....170.00

जोगिन्दर सिंह
माइंड पॉज़िटिव लाइफ पॉज़िटिव
125.00

शिशिर श्रीवास्तव
सफलता पाने की 8 शक्तियां....125.00

नमिता जैन
4 सप्ताह में वजन घटाएं
125.00

नमिता जैन
टीन फिटनेस गाइड
125.00

नमिता जैन
आखिरी 5 किलो कैसे घटाएं
125.00

राजेन्द्र अवस्थी
काल-चिन्तन (6 भाग)
प्रत्येग भाग....150.00

अमित कुमार
सफलतम कप्तान धोनी
100.00

ओ.पी.झा
मैनेजमेंट गुरु भगवान श्रीकृष्ण
125.00